中国语言与文化

鸿儒国学讲堂

Hongru Guoxue
Jiangtang

罗常培 著

苏州新闻出版集团

古吴轩出版社

图书在版编目（CIP）数据

中国语言与文化 / 罗常培著 . --苏州 : 古吴轩出版社，
2017.11（2024.4重印）
　（鸿儒国学讲堂）
　ISBN 978-7-5546-1008-4

　Ⅰ . ①中… Ⅱ . ①罗… Ⅲ . ①语言学—研究—中国
Ⅳ . ① H0

中国版本图书馆 CIP 数据核字（2017）第 237908 号

责任编辑：蒋丽华
见习编辑：顾　熙
装帧设计：鸿儒文轩·末末美书

书　　名：**中国语言与文化**
著　　者：罗常培
出版发行：**苏州新闻出版集团**
　　　　　古吴轩出版社
　　　　地址：苏州市八达街118号苏州新闻大厦30F
　　　　电话：0512-65233679　　邮编：215123
出 版 人：王乐飞
印　　刷：三河市华东印刷有限公司
开　　本：650mm×940mm　1/16
印　　张：12.25
版　　次：2017 年 11 月第 1 版
印　　次：2024 年 4 月第 3 次印刷
书　　号：ISBN 978-7-5546-1008-4
定　　价：56.00 元

如有印装质量问题，请与印刷厂联系。18611130373

目 录

下编　中国人与中国文

上编　语言与文化

序

陆志韦

　　自从语言跟文字分了家，语言的地位让象形文字占了去，人已经忘了语言是劳动的工具。一个民族的文化跟所谓思想方式全是手跟发音器官联同创造出来的。人要是不能说话，就不会有合群的工作，也不能把劳动的方法传授给别人。比较复杂一点的机器也全都是手眼口腔联络着工作，才能制造出来。先有语言然后有文字。文字至多不过是古人劳动的记录。文字脱离了语言，脱离了生产，哪里还能代表一个民族的文化呢？

　　莘田先生写了这本小书，书名是"语言与文化"，不是"文字与文化"。这在中国还是一种新的尝试，可是成绩已经是很可观了。我希望中国人的研究语言从此走上了科学的大路，也就是走上了群众路线。中国文化是中国大众的生活方式，中国话（特别是汉语）是中国人创造文化、传播文化的工具。所谓"文物制度""书画琴棋"，那是少数人的。汉字也是少数人的。

我念了莘田先生的书，不由得想到我们这些研究中国文化的人是何等的可怜。比如我是研究汉语的语音史的，可老得在汉字上"钻点子"。前些年甚至于不敢把研究的目标说给人家听。莘田先生这书的内容大部分也还得在汉字上下功夫，因为中国话的历史全部是用汉字写下来的，除了少数民族的一些近代史料。

语言学的工作，它怎能配合上建国的事业，那得靠一些认清楚任务的人来继续努力，通同合作。中国话的条理，它的结构、范畴，究竟对于中国人的思想有什么关系，我们该怎样用语言的工具来改进中国文化，那工具本身该怎样修改，这些问题是极难回答的。

1950年1月，陆志韦敬祝莘田先生成功！

自　序

　　这本书前七章的初稿是1949年1月28日深夜，就是夏历戊子除夕，才完成的。当时北京虽已和平解放，但人民解放军还没开进城内。在我写完末一个字把笔撂下的当儿，真没想到在北京解放的周年纪念日，它会全稿印就，将要跟学术界见面了！

　　1943年夏天，在昆明西南联合大学主办的文史学讲演会，我曾经用"语言与文化"这个题目公开讲演过一次，并且由马汉麟同学把讲演纲要记录下来：这本书的间架从那时候就建立起来了。

　　1945年旅居北美西岸的客来而忙（Claremont），每周末忙里偷闲地补充了一些材料，可是一直被别的事情打岔，始终没机会写定。1948年过完北京大学50周年校庆后，围城中无事可做，除了对于沙滩区同人的安全问题略效微劳以外，集中精力来写这本书。炮声和冷弹并没影响我"外愈喧而内愈静"的心理。记得当年长城战役促成我的《唐五代西北方音》，卢沟桥烽火促成我的《临川音系》；那时的心境虽然跟前年岁暮迥不相同，可是忠于所学的态度前后是一致的。中华人民共和国成立以后我的思想意识逐渐地起了转变，对于这本书的看法也放弃了"为学问而学问"的旧观点。所以经过相当时期的酝酿和学习，直到前七章都快印好了的时候，才把第八章"总结"做成。

全书的内容、旨趣和观点，在"引言"和"总结"两章里已经交代过了，这里无须再多说。材料虽是从各方面搜集来的，但贯串编排却是我自己的初次尝试。不用说，形式和实质上的缺陷当然很多，还希望读者们切实批评，好让它能有进一步的改善。

让我首先谢谢吴玉章、陆志韦、向觉明、季羡林几位先生！承他们详细地校阅原稿并给了很多有价值的批评或改正。陆先生为鼓励著者，还给这本书作序。其他对于这本书的完成，直接间接有所帮助的，除了在书里已经声谢的以外，我还得郑重地谢谢王利器、吴晓铃、周定一、俞敏、殷焕先、张清常、陈士林、喻世长、杨志玖、齐声乔诸位先生！他们对于补充材料、审核内容、校对印件各方面，分别尽了相当的力量。全稿的抄写是由许建中、张立仁两个同事协助完成的。

本书的刊行承北京大学出版委员会曾昭抡先生、出版部李续祖先生和诸位工友们帮了很大的忙。它现在所以能够和读者提早见面，完全靠他们的鼓励和合作。我在感谢之余同时觉悟到个人力量的渺小和集体力量的伟大！

1950年1月31日，北京解放周年纪念日，罗常培序于北京大学文科研究所语音乐律实验室

第一章　引言

美国已故的语言学教授萨皮尔（Edward Sapir）说："语言的背后是有东西的。并且，语言不能离文化而存在。所谓文化就是社会遗传下来的习惯和信仰的总和，由它可以决定我们的生活组织。"①帕默（L. R. Palmer）也说："语言的历史和文化的历史是相辅而行的，它们可以互相协助和启发。"②另外有一位人类学者戴乐尔（E. B. Tylor）也说：文化是"一个复杂的总和，包括知识，信仰，艺术，道德，法律，习俗，和一个人以社会一员的资格所获得的其他一切能为习惯"③。由这些话看来，我们可以知道语言和文化关系的密切，并且可以知道它们所涉及的范围是很广博的。

---

① Edwad Sapir，*Language*，p. 221.

② L. R. Palmer，*An Introduction to Modern Linguistics*，p. 151（以下简称 *Modern Linguistics*）.

③ E. B. Tylor，*On a Method of Investigating the Development of Institution*，J. A. I. XⅧ. 1889，pp. 245~272.

本编的企图想从语词的涵义讨论语言和文化的关系。其中涉及语义学（semantics）一方面较多，很少牵涉语音学和语法学两方面。我的计划打算分六段去说：第一，从语词的语源和演变推溯过去文化的遗迹；第二，从造词心理看民族的文化程度；第三，从借字看文化的接触；第四，从地名看民族迁徙的踪迹；第五，从姓氏和别号看民族来源和宗教信仰；第六，从亲属称谓看婚姻制度。这些都是社会学和人类学上很要紧的问题。假如我这一次尝试能够有些许贡献，那就可以给语言学和人类学的研究搭起一个桥梁来。这在国外本来不足希奇的，萨皮尔以语言学家晚年转向人类学①，马邻诺斯基（Bronislaw Malinowski）以人类学家晚年转向语言学②，便是很好的例子。以作者的学识而论，本来不敢攀附这两位有名的学者。况且这条路子在中国又是新创的方向，临时搜集材料一定免不了疏陋的地方。本编发表后，作者恳切希望语言学和人类学两方面的通人加以严格的指正，或者可以使他的研究结果将来有圆满的一天。

---

① 例如，E. Sapir，*Time Perspective in Aboriginal American Culture*，*A Study in Method*，Memoir 90，NO. 13，Anthropological Series，Canada Department of Mines，Ottawa，1916（以下简称 *Time Perspective*）。

② 例如，B. Malinowski，*Coral Gardens and their Magic*，London，1935；和他的 *Supplement to C. K. Ogden* and I. A. Richards' *The Meaning of Meaning*。

第二章　从语词的语源和变迁看过去文化的遗迹

　　在各国语言里有许多语词现在通行的涵义和它们最初的语源迥不相同。如果不明了它们的过去文化背景，我们简直推究不出彼此有什么关系来。可是，你若知道它们的历史，那就不单可以发现很有趣的语义演变，而且对于文化进展的阶段也可以反映出一个很清晰的片影来。例如，英语的pen是从拉丁语的penna来的，原义是羽毛（feather），最初只严格应用在原始的鹅毛笔（quill pen）。后来笔的质料虽然改变，可是这个字始终保存着，于是在古代本来含有羽毛意义的字现在却用它来代表一种有金属笔尖的文具。反过来说，如果分析这个现代语词和羽毛的关系也可以教我们知道一些古代笔的制度。又如英语的wall和其他印欧系语言含有"墙"的意义的语词，它们的基本意义往往和"柳条编的东西"（wicker-work）或"枝条"（wattle）有关系。德语Wand从动词winden变来，它的原义是"缠绕"或"编织"（towind, tointer-weave）。盎格鲁-撒克逊语（Anglo-Saxon）的"winden manigne smiceme wah"等于英语的"to weave many a fine wall"，用现在通行的意义来翻译就是"编许多很好的墙"。墙怎么能编呢？据考古学家发掘史前遗址的结果也发现许多烧过的土块上面现出清晰的柳条编织物的痕迹。这就是一种所谓"编砌式"（wattle and daub）的建筑。它或者用柳条编的东西做底子上面再涂上泥，或者把泥舂在两片柳条编的东西的中间。由此可以使我们推想欧洲古代的墙也和中国现在乡村的篱笆、四川的竹篾墙或古代的版筑一样，并不是铁筋洋灰的。又如英语的window直译是"风眼"（wind-eye）。在许多语言里用来指"窗"的复合词，"眼"字常常占一部分。像峨特语（Gothic）auga-dauro直译是"眼门"（eye-door）。益格鲁-撒克逊语的egþyrel直译是"眼孔"（eye-hole），在梵文（San-skrit）里我们找到gvāksa的意思是"牛眼"（ox-eye），还有俄语的okno，它的语根和拉丁语的o culus有关系（直译是"小眼"a little eye）。要想解释这些关于"窗"的语词，我们还得回想到古代的建筑制度。我们在上文已经说过最古的房子或者用柳条编的东西造成，或者用木头造成。在这两样建筑制度之下是不容许有一个四方形大窗的。现在昆明近郊的倮倮叫窗做[ʂu ˥gu˩ na˩]也是窗眼的意思。又如英语的fee是古英语feoh的变化例，它的意义是"牲口，家畜，产业，钱"（live-stock, cattle, property, money）。在日耳曼系语言的同源词（cognates）里，只有峨特语的faihu［ˈfehu］含有"产业"的意义；所有其他的语言，像德语的Vieh［fiː］或瑞典语的fä［feː］，只有类乎"家畜（若干头）""牲口（若干头）"的意义。在别的印欧系语言的同源词也和上面所说的情形一样，像梵文的［ˈpaçu］或拉丁语pecu。可是拉丁语还有演化词pecūnia"钱"（money）和pecūlium"储蓄"（savings）或"产业"（property）。这些例子可以使我们确信古时候拿牲口当做一种交易的媒介物。照这同样的方法，就是像德语Lade，Laden，einladen那一堆意义复杂的词，我们根据历史也可以把它们中间的关系弄清楚。Laden的意义是"装载"（to load），由它和盎格鲁-撒克逊语hladan和斯拉夫语（Slavic）klada"放，安置"（to lay，to put）的语音近似，我们很足以解释它。名词Lade的意义是抽屉（drawer），好像也和古北欧（Old Norse）语hlaða"仓房"（英语lath）很相近。这两个语词都含有动词的基本意，所指的都是一个贮藏所。可是Laden的意义是"铺子"和"护窗板"（shop and window-shutter—Fensterladen），如果不研究这个语词所指的东西的历史，那就不能解释了。Lade本来有"板条"的意义（参照英语lath），在玻璃还没输入以前通常是用木条做护窗板的。并且沿街叫卖的小贩用两个木架支起一块木板在市场里把货物陈列在它上头，他们也叫它做Lade，这就是最原始的铺子，这个语词的现代意义就是从这些起源发展出来的。我们再研究一下文化的历史，也就可以把einladen（to invite）"邀请"和Vorladung（a summons）"传票"两个语词的意义弄清楚了。梅邻阁（Meringer）为打算解释这个语词曾经注意到一种流播很广的风俗，就是法庭递送一个木板去传人到案。在波希米亚（Bohemia）的有些部分像这样的"Gebotbrett"还仍旧沿家递送。它是一块带柄的木板，布告就粘在或钉在它上头。所以Laden是从名词lap（to board a person）演变出来的一个动词，它的用法恰好像英美的"blackball"①和希腊的"toostracize"②一样。从einladen，Vorladung的用法指递送木板传人出席法庭，于是现代普遍当作"邀请"的意义才演变出来了。

此外，还有大家天天离不开的两个字，恐怕也很少有人知道它们的语源，那就是dollar和money。Dollar最后是从德语Taler借来的，它是Joachimstaler的缩写，原来是从Joachimstal（"Joachim′s Dale"）演变出来的。Joachim′s Dale在波希米亚（Bohemia），当16世纪的时候曾经在这个山谷铸造过银币，因此现在就拿dollar当作银币的名称。至于money的语源又是怎么来的呢？当初罗马的造币厂设在Jūnō Monēta的庙里，monēta的本义只是"警戒者"（warner），和钱币渺不相关。因为在Jūnō Monēta有造币厂，所以罗马人就用Moncēta这个字代表"造币厂"（mint）和"钱币"（coin，money）两个意思。英语的mint是原始英语直接从这个拉丁语词借来的；英语的money是中古时间接从古法语借过来的。③

Style这个字在现代英语里意思很多，最流行的就有好几种：（1）文体或用语言表现思想的体裁（"mode of expressing thought in language"）；（2）表现、构造或完成任何艺术、工作或制

---

① 英美风俗在投否决票时用一种黑球，本来是名词，但逐渐演变成动词，例如，"to blackball a candidate"。

② 古希腊雅典的风俗，凡人民所憎恶的人，不问他有罪无罪，如由公众投票可决，即流亡国外10年或5年。因投票记名于牡蛎壳上，故名ostracism，从这个字转成动词即含有"放逐"或"摈斥"的意思，例如："He is ostracized by polite circle."

③ 以上所引印欧语各例参看L. R. Palmer, *Modern Linguistics*, pp. 152~156；Leonard Bloomfield, *Language*, pp. 428~429。

造物的特殊方法，尤其指着任何美术品而言（"distinctive or characteristic mode of presentation，construction，or execution in any art，employment，or product，especially in any of the fine arts"）；（3）合乎标准的风格或态度，尤其指着对于社交上的关系和举止等而言（"mode or manner in accord with a standard，especially in social relations，demeanor，etc."）；（4）流行的风尚（"fashionable elegance"）。可是咱们若一推究它的语源那可差得远了。这个字原本从拉丁语的stilus来的。在罗马时代，人们是在蜡板上写字的。他们并不用铅笔或钢笔，而用一种铁、硬木或骨头制成的工具。这种东西一头儿是尖的，用来写字；一头儿是扁平的，用来擦抹——换言之，就是把蜡板磨平了，好让它可以反复地用。这种工具叫作stilus或stylus。它本来指着写字的工具而言，意义渐渐地引申，就变成用这种工具所写的东西、任何写出来的文章、作文的风格和体裁、作文或说话的特殊风格等等。Stylus这个字进到法文后变成"style"，读作〔sti:l〕，意义还保持着上面所说的种种。当它进到英文时读音就变成〔stail〕了。至于"高尚的举止或态度"或"流行的风尚"这个意义，那是最后在英语和法语里引申出来的。虽然这样，style的本义在《韦氏字典》却仍然保存着，它的第一条解释就是"古人用以在蜡板上写字的尖笔"（"an instrument used by the ancients in writing on wax tablets"）。同时，stylus也由拉丁语直接借进英文，仍然保持它的本义。在现代英语里，因为stylus流行，style的第一个意义就慢慢儿地消灭了。

Needle这个字也可以推溯到很古的来源。但是它最初并不指着那种精巧做成的钢制品，像我们现在心目中所认识的"针"。它最初只应用到一种骨做的原型，慢慢儿地才应用到一种钢做的。现在凡是一种尖形的东西，像尖形结晶体、岩石的尖峰、方尖碑等等，也都可以叫作needle。这正可以反映当初它只是指着一种尖锐的工具说的。由"针"的观念我们又联想到spinster这个字。照现在通行的意义说，这个字只指着没出嫁的老处女。但是由spinster的结构来分析，在某一个时候它显然地有"纺织者"（one who spins）的意义。后来经过和一些个人的特殊关系联系，渐渐地才取得现在通行的特殊意义。从原来的本义转变成现在的意义，而把本义整个遗失，其间一定经过一段很长的时候。从这纯粹文化的事实咱们可以有理由推测纺织的技术从古时候就有了，而且它是在女人们手里的。这种事实固然可以直接拿历史来证明，但是咱们也可以根据纯粹语言的标准来判断。Spinster这个字的年代还可以由那比较少见的施事格词尾（agentive suffix）-ster来确定。因为和它有同样结构的只有huckster"小贩"、songster"善歌者"少数的几个字和固定不变的专名Baxster（就是baker"烘面包的"）、Webster（就是weaver"纺织者"）。所以-ster的年代一定比-er、-ist之类古得多。①

在北美印第安语里咱们也可以找出几个有关文化遗迹的例子来。麦肯齐（Mackenzie）山谷的阿他巴斯干族（Athabaskan）对于和"手套"相当的语词，Chipewyan叫la-djic，Hare叫lla-dii，Loucheux叫ɩɩle-djic，它实际上仅仅是"手袋"（hand-bag）的意思。可是，在那洼和（Navaho）语言里分明拿la-djic代表只分拇指的手套（mitten）。并且这种只分拇指的手套在阿他巴斯干族的物质文化里

---

① E. Sapir，*Time Perspective*，pp. 59~60.

又是一种很古的成分，那么，咱们就此可以推断，在这个民族所谓"手套"，只是指着只分拇指的mitten说，绝对不会是现在通行的分指手套glove。①

阿他巴斯干语还有一个非描写的名词语干t'xex，这个字在查斯他扣斯他（Chasta Costa）和那洼和语里都恰好有matches"火柴"的同样意义。从别的方面考虑，这绝不会是这个字的原始意义。并且拿它和别的阿他巴斯干方言（例如Chipe-wyan）比较，t'xex本来的意思是tire-drill"火钻"，等到近代拿火柴代替了古代"钻燧取火"的方法，它才从fire-drill的本义转变到matches的今义。②从这个小小的例子咱们就可以对于阿他巴斯干族社会经济的变迁得到不少的启发。

谈到中国古代语言和文化的关系，我们便不能撇开文字。例如，现在和钱币有关的字，像财、货、贡、赈、赠、贷、赊、买（買）、卖（賣）、贿、赂之类都属贝部。贝不过是一种介壳，何以用它来表示钱币的含义呢？许慎的《说文解字》解答这个问题说："古者货贝而宝龟，周而有泉，至秦废贝行钱。"可见中国古代曾经用贝壳当作交易的媒介物。秦以后废贝行钱，但是这种古代的货币制度在文字的形体上还保存着它的蜕形。云南到明代还使用一种"海肥"，也就是贝币的残余。又如现在中国纸是用竹质和木皮造的。但当初造字时纸字何以从系呢？《说文》也只说"絮一箔也"，并没提到现代通行的意义。照段玉裁的解释，"箔"下曰"潎絮篢也"，"潎"下曰"于水中击絮也"。《后汉书》说：

———————————

　① *Time Perspective*，p. 58.

　② *Time Perspective*，p. 59.

"（蔡）伦乃造意，用树肤、麻头及敝布、鱼网以为纸。元兴元年奏上之……自是莫不从用焉，故天下咸称'蔡侯纸'。"按造纸窸于漂絮，其初丝絮为之，以箔荐而成之。今用竹质木皮为纸，亦有致密竹帘荐之，是也。《通俗文》曰"方絮曰纸"，《释名》曰"纸，砥也，谓平滑如砥石也"。由此可知在蔡伦没有发明造纸的新方法和新质料以前中国曾经用丝絮造过纸的。此外，像"䃈"字《说文》解释作"石可以为矢镞"，可以推见石器时代的弓矢制度；"安"字《说文》训"静也，从女在宀下"会意，就是说，把女孩子关在家里便可以安静，由此可以想见中国古代对女性的观念。还有车裂的刑法本来是古代一种残酷的制度，从现代人道主义的立场来看这实在是一种"蛮性的遗留"。可是就"斩"字的结构来讲，我们却不能替中国古代讳言了。《说文》"斩从车斤，斩法车裂也"，段玉裁注："此说从车之意。盖古用车裂，后人乃法车裂之意而用铁钺，故字亦从车，斤者铁钺之类也。"可见这种惨刑在中国古代绝不止商鞅一人身受其苦的。以上这几个例，我都墨守《说文》来讲，但还有些字照《说文》是讲不通的。例如"家"字《说文》"尻也，从宀，豭省声"。许慎一定要把它设法解释作形声字，那未免太迂曲了。段玉裁以为家字的本义是"豕之尻也"，引申假借以为人之尻，犹如牢字起初当牛之尻讲，后来引申为所以拘罪的牢。他的说法自然比许氏高明多了，不过照我推想中国初民时代的"家"大概是上层住人，下层养猪。现在云南乡间的房子还有残余这种样式的。若照"礼失而求诸野"的古训来说，这又是语言学和社会学可以交互启发的一个明证。

第三章 从造词心理看民族的文化程度

从许多语言的习用词或俚语里，我们往往可以窥探造词的心理过程和那个民族的文化程度。现在姑且舍去几个文化较高的族语不谈，单从中国西南边境的一些少数部族的语言里找几个例子。例如，云南昆明近郊的倮倮叫妻做"穿针婆"［ɣɤ˩ sɔ↓ mo↓］（直译是"针穿母"）①。云南高黎贡山的俅子叫结婚做"买女人"［pʼo˧ ma˧ uan˧］（直译是"女人买"）②。从这两个语词我们可以看出夷族社会对于妻的看法和买卖婚姻的遗迹。又如俅子把麻布、衣服和被叫作［dʑio˧］，因为在他们的社会里，这三样东西是"三位一体"的。它的质料是麻布，白天披在身上就是衣服，晚上盖在身上就是被。在他们的物质生活上既然分不出

---

① 本章关于昆明近郊倮倮语各例，引自高华年《昆明近郊的一种黑夷语研究》，北京大学文科研究所硕士论文，1943年。下文同。

② 本章关于俅子语各例，引自著者的《贡山俅语初探》，北京大学文科研究所油印论文之三，1943年。下文同。

三种各别的东西来，所以在语言里根本没有造三个词的必要。还有云南路南的撒尼把带子叫作"系腰"［dzʅ⊣n］（直译是"腰系"），帽子叫作"蒙头"［o⊣q‘u⊣］（直译是"头蒙"），戒指叫作"约指"［le-tʂʅ⊣pʅ⊣］（直译是"手指关闭"）；也是根据这三种东西的功用造成语词的[①]。云南福贡的傈僳把下饭的菜叫"诱饭"［dza˥tsʅ‘ʅ↓］（直译是"饭诱"），和广州话"餸"字的意思很相近。他们的酒名计有"酒"［dzʅ⊣p‘ɯ˥］、"米酒"［dza˥p‘u˥dzʅ˩］、"秫酒"［mɯ⊣dzʅ˩］、"水酒"［ts‘y↓dzʅ˩］、"烧酒"［li↓tɕi］五种，足证他们是一个好喝酒的部族[②]。当我们调查文化较低的族语时，遇到抽象一点儿的语词，像代表动作或状态一类的词，往往比调查看得见指得着的东西困难许多。可是一旦明白他们的造词心理以后也可以引起不少的趣味。比方说，昆明近郊的保保叫发怒做"血滚"［sʅ⊣n‘ā↓］，欺负做"看傻"，［ɲi⊣ŋə⊣］，伤心做"心冷"［ɲi↓za˩］（参照国语"寒心"），难过做"过穷"［ko↓ʂu⊣］。这几个语词的构成，多少都和这些动作或状态的心理情境有牵连。在初民社会里对于自然界的现象，因为超过他们知识所能解答的范围以外，往往也容易发生许多神异的揣测。例如，福贡的傈僳叫虹做"黄马吃水"［a˥mo↓ji˩ʅ˩］，路南的撒尼叫日蚀做"太阳被虎吃"［lʊ˩tszʅ⊣mʅ⊣la˥lɪ⊣dza˩］，叫月蚀作"月亮被狗吃"［ɬo⊣ba⊣mɑ

① 本章关于撒尼语各例，引自马学良的《路南撒尼保语语法》，北京大学文科研究所硕士论文，1941年。下文同。

② 本章关于福贡傈僳语各例，引自著者的《福贡傈僳语初探》，1944年稿本。下文同。

˧ts ˈz˩ ˩˥dʑɑ˥˩]。刘熙《释名·释天》："諴炼，其见每于日在西而见于东，啜饮东方之水气也。"这也和傈僳的传说近似。现在有些地方也说日蚀是"天狗吃日头"。那也是一点儿初民社会的遗迹。至于昆明近郊的保保叫冰作"锁霜条"[ɲɛ˧dʑ ˈu˩ba˩]（直译是"霜锁条"），也和路南撒尼叫雷"天响"[m˩tsɑ˥]一样，都是因为不明天象才牵强附会地造出这些新词来。在这些族语里对于方位的观念也弄不大清楚，他们往往拿日头的出没作标准。因此对于东方，昆明近郊的保保叫作"日出地"[dʑi˩du˩mi˧]，福贡的傈僳叫作"日出洞"[mi˧mi˧du˥k ˈu˩]。对于西方，昆明近郊的保保叫作"日落地"[dʑi˩dy˥mi˧]，福贡的傈僳口叫作"日落洞"[mi˧mi˧gɯ˩k ˈu˩]。汉字的"东"字从"日在木中"会意，"西"字象"鸟栖巢上"之形，英语的orient的本义也是"日出"，实际上全是从这共同的出发点来的。不过，武鸣的土语叫东做"里"[ʔdɯɯ˧]，叫西作"外"[ʔøkɬ]①，福贡的傈僳叫北做"水头"[ji˥nɛ˥]，叫南作"水尾"[ji˥mɯ˩]：那似乎又从方位和地形的高低上着眼了。这些部族遇到没看见过的新奇事物时候也喜欢拿旧有的东西附会上去。例如，福贡的傈僳叫信作"送礼的字"[t ˈo˩mɣ˩ʑ ˥le ˩ɕ˧]。昆明近郊的保保叫庙作"佛房"[bɯ˥xɚ˩]，叫钢作"硬铁"[ɕɛ˧cx˥xɯ˧]。贡山的俅子叫汽车作"轮子房"[ku˥lu˥tɕiəm˥]。路南的撒尼叫自行车作"铁马"[xɯ˧m˥]。至于最新的交通和军事利器——飞机，他们的看法更不一致了：贡山的俅子叫作"飞房"[biel˥tɕiəm˥]，

---

① 本李方桂说。

福贡的傈僳也叫作"飞房"[dʒy˩xi˩]，片马的茶山则叫作"风船"[lik˩saŋ˧p'ɔ˩]①，路南的撒尼叫作"铁鹰"[xɯ˧tɬe˩]，滇西的摆夷叫作"天上火车"[lɑ˥t'ɑ˩mi˥]。②因为这些东西在他们的知识领域里向来没有过，他们想用"以其所知喻其所未知"的方法来造新词，于是就产出这一些似是而非的描写词（descriptive forms）来了。

在北美印第安的怒特迦（Nootka）语里有ɬutcha° 一词，和上文所举俬子的[p'o˩ma˩uan˩]可谓无独有偶。他们的社会应用ɬiutcha° 一词包含结婚时礼仪的和经济的手续，同我们的结婚仪式相当。实际上说，这个名词只应该适用于新郎和他的赡养者一方面对于新娘家属的产业配给，以为获得她的代价。它的本义不过是"买女人"（buying a woman）。可是怒特迦人现在却用它包括"买女人"纳聘礼以前所有的唱歌、跳舞和演说，大部分对于"购买"没有必要的关系。所以他们有一全套的歌叫作ɬutcha° yak，意思就是"为买女人作的"。这些歌和结婚的联系仅仅是习俗的罢了。并且，新娘的家属立刻把所得的礼物分配给他们自己的村里人，尤其重要的，他们不久送回一份特备的妆奁和礼物，价值比所收"买女人"的产业相等或更大。由这件事实往往可以把"买女人"式的婚姻只减少到一个形式。不过，ɬutcha° 这个名词的文化价值明明在它的含义是纯粹经济的买卖式婚姻。因为在现在的婚姻制度背后它附属的礼仪手续

---

① 关于茶山话的例，引自著者的《滇缅北界的三种族语研究》，1944年稿本。

② 这个例是张印堂转告的。又向觉明说："内坤会教士用苗语译圣经，对于'海'字即感觉到困难。"也是一个可作补充的例子。

增加，经济的意义就变弱了。①

怒特迦语另外还有些有趣的词尾可以指示婚礼的手续：例如 'o°'ł，意思是"在一个女子成年举行聚族分礼宴时要找点儿东西做礼物"（"to ask for something as a gift in a girl′s puberty potlatch"）；-t'o° ła意思是"为某人设一个聚族分礼的饮宴"（"to give a potlatch for someone"）；-'inł意思是"在聚族分礼时设一个某种食物的筵席"（"to give a feast of some kind of food-in a potlatch"）。所谓"potlatch"是太平洋沿岸某些印第安人的一种风俗。举行这种仪式时一个人分配礼物给他同族的人或邻族的人，同时伴着饮宴。上面这些词尾明白指出在怒特迦社会里，"potlatch"仪式至少和有些文化概念从很久就发生关系了。②

上文曾说傈僳语的酒名有五种之多，足证他们是一个好喝酒的部族。和这个相近的例子，我们在英语里找到关于养牛的词汇非常多。例如：cow"母牛"，ox"公牛"，bull"公牛"，steer"阉牛"，heifer"牝犊"，calf"小牛"，cattle"牲口"，beef"牛肉"，veal"小牛肉"，butter"黄油"，cheese"干酪"，whey"乳浆"，curd"凝乳"，cream"酪"，to chum"搅牛奶"，to skim"撇去牛奶的浮油"等等，它们应用的范围很广，彼此间也分得很清楚。相反的，在美国西部种橘的实业虽然也很发达，可是关于这种实业特有的词汇却比较贫乏，而且分得不大清楚。从这种语言上的证据，咱们就可以知道养牛和种橘两种实业在美国文化上的

---

① E. Sapir, *Time Perspective*, pp. 61~62.
② *Time Perspective*, p. 66.

发达谁先谁后了。①中国古代文字关于牛羊的词汇也特别丰富。《说文》牛部里关于牛的年龄的，有"牸"（二岁牛），"犙"（三岁牛），"牭"（四岁牛），"犊"（牛子）；关于牛的性别的，有"牡"（畜父），"牝"（畜母）；关于牛的形状颜色和病症的，有"犅"（特牛），"特"（朴特牛父），"犗"（骟牛），"㹍"（㹂牛），"犖"（驳牛），"牨"（牛驳如星），"牷"（牛完全），"犧"（宗庙之牲），"牻"（白黑杂毛牛），"㸹"（牛白脊），"㸷"（牛黄白色），"犉"（黄牛黑唇），"㹊"（白牛），"犅"（牛长脊），"牷"（牛纯色），"犆"（畜犆，畜牲也），"䯙"（牛膝下骨），"牜"（牛舌病）；关于牛的动作和品性的，有"㸱"（牛徐行），"犤"（牛息声），"牟"（牛鸣），"牵"（引而前），"犕"（犕牛乘马），"犁"（耕），"犇"（两壁耕），"牴"（触），"犚"（牛蹍犚），"㹂"（牛柔谨），"㹃"（牛很不从引），"犈"（牛羊无子）；关于养牛的，有"㸮"（以刍茎养牛），"牿"（牛马牢），"牢"（闲养牛马圈）。羊部里关于羊的年龄的，有"羔"（羊子），"羍"（小羊），"羜"（五月生羔），"犙"（六月生羔），"羠"（羊未卒岁）；关于羊的性别的，有"羝"（牡羊），"羒"（羒羊），"羭"（牡羊），"羭"（夏羊牡曰羭），"羖"（夏羊牡曰羖）；关于羊的形状和颜色的，有"羠"（骟羊），"羳"（黄腹羊）；关于羊的动作和品性的，有"芈"（羊鸣），"羴"（羊相羴），"羵"（羴羵），"羵"（群羊相羴），"羴"（羊臭）。从羊字孳衍

---

① E. Sapir, *Time Perspective*, p. 62.

的字，有"羣"（輩也）、"美"（甘也）、"羨"（进善也）、"羌"（西戎牧羊人）。现代中国语言里这些字大多数都死亡了。可是古字书里既然保留这些字的记录，那么，中国古代社会里的畜牧生活是不可湮没的。这些词汇的死亡，是完全由于社会制度和经济制度的变迁造成的。

中国古代的封建社会里对于每个朝代的开国皇帝都认为"真主"、"真命天子"或"真龙天子"；道教对于修炼有成的道士也叫作"真人"。这种心理在别的初民社会里也可以找到类似的例。北美印第安的侵显（Tsim Shian）人管他们的酋长叫作səm'ᵓgid（单数），或səm gi gad（多数）。若把它们分析起来，səm-有"很"或"真"的意义（"very，real"），gad是单数的"人"（"man"），gi gad是多数的"人"（"men"）：这又是一个中西对照有关造词心理的例子。①

---

① E. Sapir, *Time Perspective*, p. 63.

第四章　从借字看文化的接触

　　语言的本身固然可以映射出历史的文化色彩，但遇到和外来文化接触时，它也可以吸收新的成分和旧有的糅合在一块儿。所谓"借字"就是一国语言里所羼杂的外来语成分。它可以表现两种文化接触后在语言上所发生的影响；反过来说，从语言的糅合也正可以窥察文化的交流。萨丕尔说："语言，像文化一样，很少是自给自足的。交际的需要使说一种语言的人和说邻近语言的或文化上占优势的语言的人发生直接或间接接触。交际可以是友好的或敌对的。可以在平凡的事务和交易关系的平面上进行，也可以是精神价值——艺术、科学、宗教——的借贷或交换。很难指出一种完全孤立的语言或方言，尤其是在原始人中间。邻居的人群互相接触，不论程度怎样，性质怎样，一般都足以引起某种语言上的交互影响。"①

---

　　①　E. Sapir, *Language*，p. 205；中译本 p. 173.

中国自有历史以来，所接触的民族很多。像印度、伊朗、波斯、马来、暹罗、缅甸、西藏、安南、匈奴、突厥、蒙古、满洲、高丽、日本和近代的欧美各国都和汉族有过关系。每个文化潮流多少都给汉语里留下一些借字，同时汉语也贷出一些语词给别的语言。对于这些交互借字仔细加以研究，很可以给文化的历史找出些有趣解释。中国和其他民族间的文化关系几乎可以从交互借字的范围广狭估计出个大概来。咱们姑且举几个例：

一、狮子　凡是逛过动物园或看过《人猿泰山》一类影片的人们，对于那种野兽应该没什么希罕。可是假如要问："狮子是不是产在中国？如果不是，它是什么时候到中国来的？"这就不是一般人所能解答的了。狮也写作"师"，《后汉书·班彪传》李贤注："师，师子也。"又《班超传》："初月氏尝助汉击车师有功。是岁（A. D. 88）贡奉珍宝，符拔师子，因求汉公主。超拒还其使，由是怨恨。"又《顺帝纪》：阳嘉二年（A. D. 133）"疏勒国献师子、封牛。"李贤注："《东观记》曰：'疏勒王盘遣使文时诣阙。'师子似虎，正黄，有髯耏，尾端茸毛大如斗。封牛，其领上肉隆起若封然，因以名之，即今之峰牛。"可是，《洛阳伽蓝记》卷三"永桥"下说："狮子者，波斯国王所献也。"那么，照文献上讲，狮子的来源有月氏（Indo-Scythians）、疏勒（Kashgar）、波斯（Persian）三个说法。从命名的对音来推求，华特尔（Thomas Watters）认为狮ši是由波斯语šer来的。[1]劳佛（Berthold Laufer）

---

[1]　Thomas Watters, *Essays on the Chinese Language*（以下简称 *Chinese Language*），Shanghai，1889，p. 350.

对于这个说法不十分满意。"因为在纪元88年第一个狮子由月氏献到中国的时候，所谓'波斯语'还不存在。大约在第一世纪末这个语词经月氏的媒介输入中国，它最初是从某种东伊朗语（East Iranian language）来。在那里这个词的语形素来是še或ši（吐火罗语 Tokharian A. šišak），也和中国师ši（*ṣʻi）一样没有韵尾辅音。"①沙畹（Edouard Chavannes）②、伯希和（Paul Pelliot）③和高体越（Henri Gauthiot）④等法国汉学家也都注意到这个字的对音。伯希和以为关于波斯语šer，伊朗学家采用过一些时候的语源xša θ rya必得放弃了。因为高体越已经指出这个字是从粟特语（Sogdian）的 *šrγw，*šar γe "狮子"来的。总之关于这个语词虽然有人不承认它是所谓"波斯语"，但对于它是伊朗语属几乎没有异议。高本汉（Bernhard Kardgren）也采取莫根斯廷教授（Prof. G. Morgenstierne）的话，说："狮si在那时是伊朗语sary的对音。"⑤

---

① Berthold Laufer，*The si-hia language*，《通报》*Toung Pao*（以下简称 T. P.）s. Ⅱ，ⅩⅦ（1916），p. 81；还有他的 *The Language of the Yüe-chi or In-do-Scythians*，Chicago，1917，p. 4；*Chinese Pottery of the Han Dynasty*，pp. 236~245.

② Edouard Chavannes，*Les Pays d'Occident d'apres le Heou Han Chou*，T. P. s. Ⅱ，Ⅷ（1907），p. 177，note 5，"符拔，狮子"；*Trois Generaux Chinois de la Dynastie des Han Orientaux*，T. P. s. Ⅱ，Ⅶ（1906），p. 232.

③ Paul Pelliot，T. P. s. n，Ⅱ，ⅩⅪ（1922），p. 434，note 3，（Review to G. A. S. Willians'*A Manual of Chinese Metaphors*，p. 128）.

④ cf. Horn *Mémoire de Sociétié de Linguistique*，ⅪⅩ（1915），p. 132.

⑤ Bernhard Karlgren，*Word Families in Chinese*，*Bulletin of the Museum of Far Eastern Antiquities*（以下简称 B. M. F. E. A.）No. 5（1934），p. 30，Stockholm.

二、师比　是用来称一种金属带钩的。在史传里也写作犀比、犀毗、私毗、胥纰、鲜卑等异文。《楚辞·招魂》："晋制犀比，费白日些。"《大招》："小腰秀颈，若鲜卑只。"阮元《积古斋钟鼎彝器款识》卷十"丙午神钩"下说："首作兽面，盖师比形。《史记》汉文帝遗匈奴'黄金胥纰一'，《汉书》作'犀毗'。张晏云：'鲜卑，郭落带，瑞兽名，东胡好服之。'《战国策》：'赵武灵王赐周绍具带黄金师比。'延笃云：'师比，胡革带钩也。'班固《与窦宪笺》云：'复赐固犀比金头带。'《东观汉记》：'邓遵破匈奴，上赐金刚鲜卑绲带。'然则师比、胥纰、犀毗、鲜卑、犀比，声相近而文相异，其实一也。"阮元所说，对于"师比"一词的来历考证得源源本本。在中国古书里凡是一个同义复词同时有许多异文，那一定是外来的借字而不是地道土产。那么师比的语源究竟是从哪儿来的呢？

关于这个问题的解答也颇不一致：许多考古学家和汉学家都认为"师比"这个词是汉族从中国西方和西北方的游牧民族借来的。[①]王国维仅仅泛指作"胡名"。[②]伯希和、白鸟库吉以为它是匈奴字*serbi。白鸟氏还拿它和现代满洲语的sabi"祥瑞，吉兆"（happyomen）牵合。[③]卜弼德（Peter Boodberg）虽然没说明他对

---

① 在江上波夫（Egami Namio）和水野广德（Mizuno Kotoku）的 *Inner Mongolia and the Rgion of the Great Wall*, pp. 103~110（Tokyo and Kyoto, 1935）列有目录。

② 《观堂集林》贰贰"胡服考"，第2页。

③ P. Pelliot, *L Édition Collective des oeuvres de Wang Kouo-wei*, T. P. s. XⅥ（1929），P. 141；Shiratori Kurokichi, *Memoirs of the Research Dept. of the tokyo Bunko*（东洋文库）No. 4~5（Tokyo. 1929），p. 5.

于这个字的来源有什么意见，他却拿*serbi和蒙古语serbe来比较。①
照郭伐赖无斯基（Kovalevskij）的《蒙俄法词典》，serbe的意思
是"小钩，V形凹入口"（small hook，notch），serbe-ge是"V
形凹入口，小钩，鳃，顶饰，钩扣"（notch，small hook，gill，
crest，agraffe）。②总之，姑且不管当初匈奴说的话是蒙古、通古斯
（Tungus）或突厥（Turkish），照以上这些人的假设，"师比"这
个字无论如何不是印欧语。可是最近门琛（Otto Maenchen-Heilfen）
认为师比和"郭落"都是从印欧语来的。他根据《大招》里"小腰
秀颈，若鲜卑只"认为"鲜卑"这个词的发现在纪元前230年以前，
那时中国还不知道有匈奴，楚国人当然不会向他们借来带钩和鲜卑
或师比这个字。因此他把这两个字构拟作：

（一）师比*serbi　"带钩"可以和印欧语指"钩，镰"等词比
附：古教堂斯拉夫语OCS. srъρъ，立陶宛语Lett. sirpe，希腊语Gk.
δρπη，拉丁语Lat. sarpio和sarpo，古爱尔兰语O. Irish. Serr。

（二）郭落*kwâklâk　"带"也可以和印欧语比附：原始印欧语
IE. kuekulo-，希腊语kμkλoб"圆圈，circle"，梵语Skt. cakrá，古波斯
语Avest. c̆axrō，吐火罗语Tokhar. A. kukäl"轮子，wheel"。拿这
些词和"带"比较，并没有语义上的困难。③

　　关于门琛的构拟我且不来批评。不过，他只根据《大招》里的

　　①　Peter Boodberg, *Two Notes on the History of the Chinese Frontier*, *Harvard Journal of Asiatic stuelies*（以下简称 H. J. A. S.）I，1936，P. 306，n. 79.
　　②　Kovalevskij, *Dictionnaire Mongol-Russe-Francsais*，Ⅱ，p. 1373.
　　③　Otto Maenchen-Heilfen, *Are Chinese Hsi pi and Kuolo IE Loanwords?* *Language*，XXI，4（1945），pp. 256~260.

"鲜卑"一词切断了这个字和匈奴的语源关系，我却不大以为然。照我看，也许因为"鲜卑"这个词的发现反倒可以解决聚讼已久的《大招》时代问题。①因此我还倾向于伯希和们对于师比*serbi 的假设。

三、璧流离　《说文》玉部琊字下云："璧琊，石之有光者也。"（依段注校改。）段玉裁注说："璧琊，即璧流离也。《地理志》曰：'入海市明珠璧流离。'《西域传》曰：'罽宾国出璧流离。'璧流离三字为名，胡语也，犹珣玗琪之为夷语。汉武梁祠堂画有璧流离，曰：'王者不隐碑过则至。'《吴国山碑》纪符瑞，亦有璧流离。梵书言吠瑠璃，吠与璧音相近。《西域传》注，孟康曰：'璧流离青色如玉。'今本《汉书》注无璧字，读者误认正文璧与流离为二物矣。今人省言之曰流离，改其字为瑠璃；古人省言之曰璧琊。研与流、琊音同。扬雄《羽猎赋》'椎夜光之流离'，是古亦省作流离也。"关于璧流离这个语词在汉以前的出处，段玉裁所说已经介绍得非常详尽，可惜他只泛指为胡语而没能仔细推究它的语源。按这个语词的对音可以分作两派：一种是旧译的璧流离、吠瑠璃；另一种是新译的毗头黎、鞞头利也。前者出于梵文俗语（Prakrit）的velūriya，后者出于梵文雅语（Sanskrit）的

---

① 游国恩《先秦文学》云："作《大招》者非景差亦非屈原，盖秦汉间人模拟《招魂》之作，不必实有其所招之人也。……观其篇首无叙，篇末无乱，止效《招魂》中间一段；文辞既远弗逮，而摹拟之迹甚显，其为晚出，殆无疑焉。"游氏并举"鲜蠵甘鸡"一段言楚者三，及"青色直眉，美目媔只"中"青"字为秦以后语为证。（第157~159页）

Vaidūrya。①本义原为青色宝，后来变成有色玻璃的通称，和希腊 βιρυλλοσ，拉丁beryllos，波斯、阿拉伯的billaur，英文的beryl都同出一源。从段玉裁所引许多历史上的证据，可知璧流离这种东西以及这个语词在汉朝时候已经从印度经由中央亚细亚输入中国了。

四、葡萄　《史记·大宛列传》载汉武帝通西域得葡萄、苜蓿于大宛，可见这两种东西都是张骞带回来的。葡萄，《史记》《汉书》作"蒲陶"，《后汉书》作"蒲萄"，《三国志》和《北史》作"蒲桃"。西洋的汉学家们，像陶迈谢（W. Tomaschek）②、荆思密（T. Kingsmill）③和夏德（F. Hirth）④都假定这个词出于希腊语βότρνб "a bunch of grapes"，沙畹和赖古伯烈（Terrien de Lacouperie）也附和这一说。劳佛以为葡萄很古就种植在伊朗高原北部一带，时代实在比希腊早。希腊人从西部亚细亚接受了葡萄和酒。希腊文的βότρυσ很像是闪语（Semetic）借字。大宛（Fergana）人决不会采用希腊字来给种植在他本土很久的植物起名字。他以为葡萄盖与伊朗语*budāwa或*buðqawa相当。这个字是由语根buda和词尾wa或awa构成的。照劳佛的意思buda当与新波斯语bāda（酒）和古

①　Thomas Watters, *Chinese Language*, p. 433；何健民译，藤田丰八著《中国南海古代交通丛考》，第 115 页；冯承钧《诸蕃志校注》第 132~133 页；季羡林《论梵文 td 的音译》，1949，第 29~30 页。

②　'Sogdiana'，*Sitzungsber. Wiener Akad.*，1877，p. 133.

③　*The Intercourse of China with Central and Western Asia in the 2nd Century B. C.*，*Journal of the Royal Asiatic Society*（以下简称 J. R. A. S.），China Branch）XIV（1879），p. 5，190.

④　*Fremde Einflusse in der Chin. Kunst. p. 25；and Journal of American Oriemal Society*（以下简称 J. A. O. S.）XXXVII，（1917），p. 146.

波斯语βατιάκη（酒器）有关。βατιάκη等于中古波斯语bātak，新波斯语bādye。①最近据杨志玖考证，葡萄一词当由《汉书·西域传》乌弋山离的扑挑国而来。扑挑字应作"朴桃"。它的所在地，照徐松说就是《汉书·大月氏传》的濮达，照沙畹说就是大夏（Bactra）都城Bactra的对音。②因为这个地方盛产葡萄，所以后来就用它当作这种水果的名称。③

　　五、苜蓿　在《汉书》里只写作"目宿"，郭璞作"牧蓿"，罗愿作"木粟"。劳佛曾经发现古西藏文用bugsug作这个语词的对音④，因此他就把它的原始伊朗语构拟作*buk-suk，*buxsux或*buxsuk。⑤陶迈谢（W. Tomaschek）曾经试把这个词和一种Caspian方言吉拉基语（Giīlakī）的būso（"alfalfa"）相比。⑥假如我们能够证明这个būso是由*buxsox一类的语源孳衍而来，那就可以满意了。我们得要知道中国最初接触的东伊朗民族从来没有文字，他们所说的语言实际上已经亡掉了。可是仗着汉文的记载居然能从消灭的语言里把大宛人叫Medicago sativa的语词*buksuk或*buxsux保存下来，这真不能不感谢张骞的功绩！

---

　　①　Berthold Laufer，*Sino-Iranica*，pp. 225~226；cf. Hom *Neupersische Etymologie*，No. 155.

　　②　Edouard Chavannes，T. P. s. Ⅱ，Ⅵ，（1905），514.

　　③　杨志玖《葡萄语源试探》，全文载青岛《中兴周刊》6期，第11~14页，1947年出版。

　　④　B. Laufer，*Loanwords in Tibetan*，T. P. s. Ⅱ，ⅩⅦ（1916），p. 500，No. 206.

　　⑤　B. Laufer，*Sino-Iranica*，p. 212.

　　⑥　'Pamir-Dialekte'，*Sitzunsber. Wiener Akad.*，1880，p. 792.

六、槟榔　《汉书》司马相如《上林赋》"仁频并闾"，颜师古注："仁频即宾根也，频或作宾。"宋姚宽《西溪丛话》卷下引《仙药录》："槟榔一名仁频。"这个名词应该是马来语（Malay）pinang的对音。爪哇语（Jave）管pinang叫作jambi，也或许就是"仁频"的音译。①

七、柘枝舞　段安节《乐府杂录》所记各种教坊乐舞里有一种叫作"柘枝舞"。唐沈亚之《柘枝舞赋》序说："今自有土之乐舞堂上者唯胡部与焉，而柘枝益肆。"②晏殊也说这是一种胡舞。③刘梦得《观舞柘枝诗》："胡服何葳蕤，仙仙登绮墀。"④也只泛言胡服，并没说明是哪一国。近来据向达考证说："余以为柘枝舞出于石国。……石国《魏书》作者舌，《西域记》作赭时，杜还《经行记》作赭支。《唐书·西域传》云：'石或曰柘支，曰柘折，曰赭时，汉大宛北鄙也。'《文献通考·四裔考·突厥考》中记有柘羯，当亦石国。凡所谓者舌、赭时、赭支、柘支、柘折，以及柘羯，皆波斯语Chaj一字之译音。"⑤我想从字音和文献上交互证明，

---

①　T. Watters, *Chinese Language*，p. 343；并参阅藤田丰八《中国南海古代交通丛考》中"宋代市舶司及市舶条例"，第241页；冯承钧《诸蕃志校注》第117~118页。

②　《沈下贤文集》，《四部丛刊》本第8页。

③　北京图书馆藏抄本《晏元献类要》卷二十九，"杂曲名"条"五天柘枝横吹"，原注；"《古今乐府录》曰：胡乐也。"

④　《刘梦得文集》卷五。

⑤　向达《唐代长安与西域文明》第94~95页。

向氏的拟测是毫无疑义的。

八、站　站字的本义照《广韵》上说"久立也"，原来只有和"坐"字相对待的意思。至于近代语词驿站或车站的站字，那是从蒙古语jam借来的。这个字和土耳其语或俄语的yam同出一源。《元史》中所谓"站赤"是jamci的对音，意译是管站的人。①

九、八哥　八哥是鹦鸲的别名。《负暄杂录》说："南唐李后主讳煜，改鹆鸲为八哥。"《尔雅翼》也说："鹆鸲飞辄成群，字书谓之唰唰（原注：卜滑切）鸟。"唰唰就是阿拉伯语babghā'或bābbāghā'的对音。阿拉伯人管鹦鹉叫作babghā'，鹦鸲和鹦鹉都是鸣禽里能效人言的，所以可以互相假借。

十、没药　这味药是从开宝六年（A. D. 973）修《开宝本草》时才补入的。马忠说："没药生波斯国，其块大小不定，黑色似安息香。"当是阿拉伯文murr的对音，译云"苦的"。中文或作没药，或作末药。"没"muət和"末"muāt的声音和murr很相近的。李时珍说，"没、末皆梵言"，那是因为不知道来源才弄错的。

十一、胡卢巴　宋嘉祐二年（A. D. 1057）修《嘉祐补注本草》时才收入，一名苦豆。刘禹锡说："出广州并黔州，春生苗，夏结

---

① 冯承钧《西域南海史地考证译丛续编》——伯希和《高丽史中之蒙古语》，第78页，系读白鸟库吉《高丽史に见えおわ蒙古语之解释》（东洋学报18卷pp. 72~80，东京，1929）的提要。

子，子作细荚，至秋采。今人多用岭南者。或云是番萝卜子，未审的否？"苏颂《图经本草》说："今出广州，或云种出海南诸番，盖其国芦菔子也。……唐以前方不见用，《本草》不著，盖是近出。"这味药也是阿拉伯文hulbah的对音，大约在第九世纪左右才输入中国的。

十二、祖母绿　绿柱玉（emerald）一名翠玉。《珍玩考》又称"祖母绿"。《辍耕录》作"助木剌"，《清秘藏》作"助水绿"（水盖木字的讹写）。后面这三个名词都由阿拉伯文zumurrud译音而成。①

以上所举的例子，有的历史比较早，有的流行很普遍，都是很值得注意的。此外像"淡巴菇""耶悉茗"借自波斯语的tambaco，iasmin，"阿芙蓉"借自阿拉伯语的afyun。这一类例子一时无从举完，我只能挑出些极常见的来以示一斑。

＊　　　＊　　　＊　　　＊　　　＊　　　＊

自从海禁大开以后，中国和欧美近代国家的来往一天比一天多，语言上的交通自然也一天比一天频繁。要想逐一列举那是绝对不可能的。为便于概括叙述，咱们姑且把近代汉语里的外国借字分作四项：

（甲）声音的替代（phonetic substitution）　就是把外国语词的声音转写下来，或混合外国语音和本地的意义造成新词。细分起

---

① 这四条例子里的阿拉伯文对音都承马坚教授指示，特此声谢！

来，再可列作四目：

（一）纯译音的　例如广州管保险叫燕梳（insure），邮票叫士担（stamp），叫卖叫夜冷（yelling），牌号叫嘜（mark），商人叫孖毡或孖展（merchant），时兴叫花臣（fashion），发动机叫磨打（motor），十二个叫打臣（dozen），四分之一叫骨或刮（quarter），支票叫则或赤（check），一分钱叫先（cent）之类，都是由英语借来的。上海话管机器叫引擎（engine），软椅叫沙发（sofa），暖气管叫水汀（steam），电灯插销叫扑落（plug），洋行买办叫刚白度（compradore），也是从英语借来的。此外像各地通行的咖啡（coffee）、可可（cocoa）、雪茄（cigar）、朱古力（chocolate）、烟土披里纯（inspiration）、德谟克拉西（democracy）等等也应属于这一目。

（二）音兼义的　有些借字虽然是译音，但所选用的字往往和那种物件的意义有些关系。例如吉林管耕地的机器叫马神（машúна），哈尔滨管面包叫裂粑（хлеб），火炉叫壁里砌（лечь），这是受俄语的影响。此外广州话管领事叫江臣（consul），管电话叫德律风（telephone），还有人把美国一种凉爽饮料译作可口可乐（Coca-Cola），把世界语译作爱斯不难读（Esperanto），也都是属于这一目。

（三）音加义的　这类借字有一部分是原来的译音，另外加上的一部分却是本地话的意义。例如广州话管衬衣叫恤衫（shirt），管支票叫则纸（check），还有普通话里的冰激凌（ice cream）、卡车（car）、卡片（card）、白塔油（butter）、佛兰绒（flannel）之类，都属于这一目。药名金鸡纳霜和英语的quinine不大相符，可是咱们得知道这个字的前半是西班牙文quinquina的对音，"霜"字是形容那种白药末儿的样子。

（四）译音误作译义的　例如"爱美的"一词原是amateur的译音，意思是指着非职业的爱好者。可是有人望文生训把"爱美的戏剧家"误解作追逐女角儿的登徒子，那就未免唐突这班"票友"了！

（乙）新谐声字（new phonetic-compound）　外国语词借到中国后，中国的文人想把它们汉化，于是就着原来的译音再应用传统的"飞禽安鸟，水族著鱼"的办法硬把它们写作谐声字，在不明来源的人看，简直不能发现它们的外国色彩。这种方法由来已久。例如从玉乎声的玻字，见于许慎《说文》，很少人知道它是梵文俗语velūriya的缩写（参看上文璧流离）；从衣加声和从衣沙声的袈裟见于葛洪《字苑》，很少人知道它是梵文雅语kāsaya的译音。此外，像莳萝（cumin）由于中世波斯语的zīra，茉莉（jasmin）出于梵文的malli：在习焉不察的中国读者恐怕极少知道这两种植物是由外国移植过来的。自从科学输入以后，像化学名词的铝（aluminum）、钙（calcium）、氨（ammonia）、氦（helium）之类，更是多得不可胜数。至于广州话管压水机（pump）叫作"泵"，那似乎又是新会意字而不是谐声字了。

（丙）借译词（loan-translation）　当许多中国旧来没有的观念初从外国借来时，翻译的人不能把它们和旧观念印证，只好把原来的语词逐字直译下来，这就是所谓借译。这类借字大概以抽象名词居多。当佛法输入中国以后，佛经里有很多这一类的借译词。像"我执"（ātma-grāha）、"法性"（dharmakara）、"有情"（sattva）、"因缘"（hetupratyaya）、"大方便"（mahopāya）、"法平等"（dharmasamatā）之类，都是属于这一项。近代借字的许多哲学名词，像格林（Thomas H. Green）的"自我实现"（self-realization）、尼采（Friedrich W. Nietzsche）的"超人"（übermensch），也都是所谓借译词。

（丁）描写词（descriptive form）　有些外来的东西找不出相等的本地名词，于是就造一个新词来描写它，或者在多少可以比较的本地物件上加上"胡""洋""番""西"一类的字样，这就是所谓描写词。这种借字的方法从很早就有的。在中国把西方民族统通看作"胡人"的时候，已经有胡葱（Kashgar的onion）、胡椒（印度的pepper）、胡麻（外来的flax和sesame）、胡瓜（cucumber）、胡萝卜（carrot）等等。稍晚一点儿便有把泛称的"胡"字改作地名或国名的，像安息香（the fragrant substance from Arsak or Parthia）①、波斯枣（Persian date）之类。近代借字里的描写词，有的加国名，像荷兰水（soda water）、荷兰薯（potato）、荷兰豆（peas）；有的加"西"字，像西米（sago）②、西红柿（tomato）；有的加"番"

---

① 　Thomas Watters, *Chinese Language*, pp. 328~331.

② 　sago 中国也写作砂谷或两谷。在安南作 saku，印度作 sagu，马来作 sagu。Crawford（*Des Dict. Indian Isl.*）以为这个字根本不是马来语，应该是从摩鹿加群岛（Molucca Islands）的土语演变而来的。参看 Thomas Watters 前引书 pp. 342~343。

字，像番茄（tomato）、番枧（soap）；有的加"洋"字，像洋火或洋取灯儿（match）、洋烟卷儿（cigarettes）。还有不加任何地域性的词头，只就东西的性质来描写的，像广州管煤油（petroleum）叫"火水"，管洋火（match）叫"火柴"，也都是所谓描写词。

以上所举的几条例子不过想把中国语里的外来借字稍微指出一些纲领。若要详细研究，广博搜讨，那简直可以写成一部有相当分量的书。然而这却不是轻而易举的事。因为从事这种工作的人，不单得有语言学的训练，而且对于中西交通的历史也得有丰富的常识，否则难免陷于错误。例如，李玄伯在《中国古代社会新研》里说："focus者，拉丁所以称圣火也。中国古音火音近佛，略如法语之feu，现在广东、陕西语所读仍如是。focus之重音原在foc，由focus而变为火之古音，亦如拉丁语focus之变为法语之feu，失其尾音而已。"我们先不必抬出"古无轻唇音"的高深考证来，单就火属晓纽［x］不属非纽［f］一点来说，就可把这个说法驳倒了！况且比较语言学本来没那么简单，如果不能讲通成套的规律，就是把一个单词孤证讲到圆通已极，也不过枉费工夫罢了。至于把拉丁语中国古语硬扯关系也和早期传教士推溯汉语和希伯来语同源弄成一样的笑话！

当两种文化接触时，照例上层文化影响低级文化较多。然而专以借字而论，中国语里却有入超现象。这当然不能纯以文化高低作评判的标准，另外还有许多别的原因。第一，当闭关自守时代，中国一向以天朝自居，抱着内诸夏而外夷狄的态度。固有的哲学、宗教、艺术、文化，四裔诸邦很少能领略接受，因此语词的交流至多限于一些贸易的商品或官吏的头衔。第二，中国向来对于外国语不屑于深入研究，遇到有交换意见的必要也不过靠着几个通译的舌人，到底有若干语词流入异域，从来没有人注意过。第三，自从海禁大开以后，西洋人固然翻译了不少经典古籍，可是除去专名和不可意译的词句很少采取"声音替代"的借字法，就是有些借译词或描写词也容易被一般人所忽略。第四，汉语的方言太复杂，从一种方言借出去的字，说别种方言的人不见得能了解，因此就不觉得它是中国话。有这种种原因难怪中国语里的借词多于贷词了。

对于外国语里的中国贷词研究，据我所知，像史莱格尔（Gustav Schlegel）对于马来话①，劳佛对于西藏话②，李方桂对于泰语③，Ko Taw Seim对于缅甸语④，佘坤珊对于英语⑤，都供给一些材料。可是要作系统研究，还得需要若干专家去分工合作才行。我在这里只能举几个简单的例。

有些中国字借到外国语里以后，翻译的人又把它重译回头，因为昧于所出，不能还原，于是写成了几个不相干的字。这样展转传讹，连"唐人都唔知呢啲系唐话喽"！例如，《元朝秘史》壹

---

① Gustav Schlegel,*Chinese Loanwords in the Malay Language*,T. P. s. I（1890）, pp. 391~405.

② Berthold Laufer, *Loanwords in Tibetan*, T. P. s. Ⅱ, XⅦ;（1916）, pp. 403~552.

③ 李方桂《龙州土语》，南京，1940，pp. 20~36;*Some Old Chinese Loanwords in the Tai Language*, H. J. A. S. Ⅷ, p. 344（March, 1945）, pp. 332~342。

④ Ko Taw Seim, *Chinese, Words in the Burmese Language, India Antiquary*, XXXV（1906）, pp. 211~212.

⑤ 佘坤珊《英文里的中国字》，《文讯》第 1 期，第 5~17 页，贵阳文通书局出版。

"捏坤太子"中的"太子"两字，《圣武亲征录》（王国维校本第35页）作"大石"，《元史》壹零柒《世系表》和《辍耕录》都作"大司"，《蒙古源流》叁又作"泰实"：其实这只是汉语"太师"二字的蒙古译音taši。①同样，《元朝秘史》里的"桑昆"（sänggün或sänggum），一般人认为是"将军"的对音，伯希和却怀疑它是"相公"的对音。②此外，那珂通世以为蒙语"兀真"（或作"乌勤"，ujin）就是汉语"夫人"；"领昆"（linkum）就是汉语的"令公"。③照此类推，满洲话的"福晋"（fujin）虽然意思是汉语的"公主"④，可是就声音而论，它和"夫人"更接近了。英语里的typhoon，在1560年F. Mendes Pinto就开始用过了。关于它的语源，西洋的汉学家们，有的说出于希腊语的typhon，有的说出于阿拉伯语的tūfān；有人认为它就是广东话"大风"的译音，还有人认为它借自台湾的特别词汇"飓风"。⑤在这几说中我个人偏向第三说。不过，"飓风"这个词在康熙二十三年（1684年）《福建通志》卷五十六《土风志》里就出现过，王渔洋的《香祖笔记》里也用过它。可见它从17世纪起就见于中国的载籍，不过修《康熙字典》时

---

① 伯希和《蒙古侵略时代的土耳其斯坦评注》，见冯承钧译《西域南海史地考证泽丛》三编，第40页。

② 伯希和《蒙古侵略时代的土耳其斯坦评注》，见冯承钧译《西域南海史地考证泽丛》三编，第42页。

③ 李思纯《元史学》第三章第126~127页引那珂通世《成吉思汗实录》第33页和该书叙论第59页。

④ Thomas Watters, *Chinese Language*, pp. 356~366.

⑤ Henry Yule and A. C. Bumell, Hobson-Jobson, new edition, edited by William Crooke, pp. 947~950; G. Schlegel, *Etymology of hte Word Taifun*, T. P. s. Ⅶ（1896）, pp. 581~585.

（1716年）还没收入罢了。

萨皮尔说："借用外国词往往要修改它们的语音。一定会有些外国声音和重音特点不能适合本国的语音习惯。于是就把这些外国语做改变，使它们尽可能地不违反本国的语音习惯。因此咱们常常有语音上的妥协。例如近来介绍到英语来的camouflage（伪装）这个字，照现在通常的读音和英文或法文典型的语音习惯都不相合。词首送气的k，第二音节的模糊元音，l和末一个a的实在音质，尤其是第一音节上的强重音，这些都是无意识地同化于英文发音习惯的结果。这些结果把英美人所读的camouflage弄得跟法国人所读的显然不同。另一方面，第三音节里长而重的元音和'zh'音（像azure里的z）在末尾位置也显然是'非英语的'（un-English），就像中古英语在字首用j和v一样，起初一定觉得和英语惯例不合，可是这种生疏感现在早已磨灭了。"①布龙菲尔德也说："本来介绍借字的或后来用它的人常常愿意省去他自己的双重筋肉调节，就用本地的发音来替换外国的发音。例如在一句英语里有法文rouge这个字，他就用英语的［r］替换法语的小舌颤音，用英语的［uw］替换法语非复音的紧［u］。这种语音的替代在不同的说话者和不同的场合会有程度上的差别；没有学过法语发音的人们准会这样做。历史家把这种现象算作一种适应，就是改变外国的语词来迁就自己语言的基本发音习惯。"②由这两位著名语言学家的说法，咱们可以知道借字对于原来语言的改变率是相当大的。现在且举一个大家公认的汉语贷词但还不能确证它的原来汉字是什么的：

---

① Edward Sapir, *Language*, pp. 210~211.
② Leonard Bloomfield, *Language*, pp. 455~456.

在7世纪突厥的碑文中有Tabghač一个字，这是当时中央亚细亚人用来称中国的。这个名称在一定地域之中一直延存到元朝初年，因为1221年丘处机西行的时候，曾在伊犁听见"桃花石"（Tabghac）这个名词。①在东罗马和回教徒的撰述里也见有这个名称，但有的写作Tamghaj，Tomghaj，Toughaj，也有的写作Taugaš，Taugaš，Tabghač。它的来源当初并没判明，为什么叫"桃花石"也不得其解。夏德（F. Hirth）和劳佛（B. Laufer）以为这些字乃是"唐家"的对音②，桑原骘藏又进一步解释作"唐家子"③。伯希和以为"桃花石"的名称在7世纪初年Théophylacte Simocatta的撰述里早已写作Taughast，他所记的显然是6世纪末年的事迹和名称，同唐朝实在没关系。④他"曾考究桃花石原来的根据，或者就是拓跋。其对音虽不精确，而有可能。就历史方面来说，元魏占领中国北部，而在中亚以土姓著名，遂使中亚的人概名中国为拓跋。犹之后来占据元魏旧壤的辽朝，种名契丹，中亚的人又拿这个名字来称

---

① 《长春真人西游记》卷上："九月二十七日至阿里马城。……上人呼果为阿里马，盖多果实，以是名其城。……土人惟以瓶取水，戴而归，及见中原汲器，喜曰：'桃花石诸事毕竟巧'，桃花石谓汉人也。"《丛书集成》本第12页。

② F. Hirth, *Nachwörte zur Inschrift des Tonjukuk*，p. 35.

③ 桑原骘藏说见其所著《宋末提举市舶西域人蒲寿庚之事迹》第135~143页（陈裕菁泽《蒲寿庚考》第103~109页，冯攸译《中国阿拉伯海上交通史》第132~143页）；又《史林》第7卷第4号第45~50页。参阅向达《唐代长安与西域文明》第25页，注1。

④ 参考沙畹（Edouard Chavannes）撰《西突厥史料》（*Documents sur les Tou-kiue Occidentaux*，pp. 230~246）。因年代不合而不能考订为唐朝，此说Yule在1866年早已说过了（*Cathay and the Way Thither*，I，Ⅷ）。

呼中国的情形一样。这也是意中必有的事。"①这三种假设，严格照对音推究起来，都不能算是精确。"唐家子"的说法虽然可以用同化（assimilation）的规律把Tamghaj或Tomghaj读作*Tangghaj或者*Tongghaj，又可用西北方音丢掉鼻尾的现象勉强拿Tau或Tou对译"唐"字，可是Tubgač和Tapkač两个写法又不好解释了。总之，当初借字的人把中国古音歪曲太多，以至经过许多专家的惴测还不能确指它的来源，这的确不能不算是遗憾！

然而解释外国语里中国贷词的麻烦却还不止于此。照我的看法，另外还有时间和空间的两种困难：

凡是稍微知道一点汉语变迁史的人都应该明白，中国从周秦到现代，语音是随着时代变迁的。假若拿着现代汉语的标准去衡量不同时代的贷词，那就难免摸不着头绪。例如"石"字中古汉语读**zǐăk**，现代汉语读sǐ，在西藏借字里把"滑石"读作hasig，而把"玉石"读作yü-si，"钟乳石"读作grun-ru-si。②"石"字的-k尾（西藏写作-g）在前一个例里仍旧保存，在后两个例里却完全丢掉。这正可以显示三个字并不是在同一时代从国内借去的。如果单以现代音为标准就不能确认sig和si所对的原来是同一个字，并且把这可宝贵的音变佐证也忽略掉了。藏文借字的时代有明文可考的，咱们可举"笔"字做例。汉文的"笔"字藏文借字作pir。《唐会要》说：吐

---

① *P. Pelliot L'orgine du Nom de "Chine"*，T. P. s. Ⅱ，ⅩⅢ（1912），pp. 727~742；冯承钧《西域南海史地考证译丛》——伯希和《支那名称之起源》，第45~46页。俄语称中国为即契丹之译音。

② B. Laufer, *Loanwords in Tibetan*，T. P. s. Ⅱ，ⅩⅦ（1916），p. 509，521.

蕃王弄赞赞普（Sron-btsan Sgam-po）请唐高宗（A. D. 650~683）派遣造纸笔工人。①可见毛笔至晚在7世纪已经输入西藏了，古汉语的-t尾许多中亚语都用-r来对，所以pir恰是古汉语piět很精确的对音。准此类推，像"萝卜"作lá-bug或la-p'ug，"铗子"作a-jab-tse，保存了中古音的-k尾或-p尾。它们借入藏语的时代一定比"粟米"su-mi或"鸭子"yā-tse早得多。因为"粟"（sǐwok）的-k尾和"鸭"（*âp）的-p尾，在后两个借字里都不见了。②

　　汉语贷词在方言里的纷歧也正像在古今音中的差异一样。中国首先和马来人贸易的以厦门或其他闽南人居多。所以不单闽南语里渗入许多马来语词，就是马来语里的汉语贷词也都限于这一隅的方言，旁地方的人很难辨识它是从中国借去的。例如马来语里的angkin借自"红裙"，bami借自"白面"，bak或bek借自"墨"，tjit借自"扰"，niya借自"领"，tehkowan，tehko借自"茶罐""茶鼓"……凡是能说厦门语的一看见上面这些汉字就会读出很相近的［aŋ˩kun˩］，［baʔ˩mĩ˩］，［bak˩］，［biǎk˩］，［tɕ'it˩］，［nia˩］，［te˩kuan˥］，［te˩kɔ˩］等等声音；反之，他们听见那些马来声音也会联想到这些汉字。③假设换一个旁的方言区里从来没听见过厦门或其他闽南方言的中国人，他无论如何也找不出相当的汉字来。这在从外国借来的字也有类似的现象。例如，梵文的Bodhidharma，在中国的禅宗经论

　　①　《唐会要》卷九十七，页三下。闻人诠本卷一四六上，3a。

　　②　关于藏文借字各例，参看 Laufer 前引文，T. P. s. Ⅱ，ⅩⅦ（1916），p. 503，508，518，522。

　　③　参看 Guslav Schlegel, *Chinese Loanwords in the Malay Language*，T. P. s. I（1890），p. 394，400，402，403；罗常培《厦门音系》，北京，1930，又收入《罗常培文集》第一卷。

里一向译作菩提达摩或简称达摩，可是厦门人却把它写作陈茂。①这不单把这位禅宗初祖汉化了，而且照厦门音读起来，陈茂[ta˧ mɔ˧]的确和达摩[tat˧ mo˧]没有什么大分别。同样，回教的教主Mohammed普通都译作穆罕默德，可是赵汝适在《诸蕃志》里却把他写作麻霞勿。②这两个人名用国语读起来相差很多，从后一个译名绝对找不出它和Mohammed的渊源来。假如咱们请一位广东人念"麻霞勿"三字[ma˧ ha˧ met˧]，岂不是很好的对音，比"穆罕默德"更贴切吗？

近百年来，中国和英美的接触最多，语言上的交互影响当然也最大。关于汉语里的英文借字，我在上文已经约略提到，这里我想再举几个从汉语借到英文里的例。中国对外贸易以丝瓷茶为大宗，所以咱们先从这三种东西说起。

现在的英语的silk（丝）中世英语作silk或selk，它是从盎格鲁-撒克逊语seolc，seoloc演变来的；和古北欧语silki，瑞典丹麦语silke，立陶宛语szilkai，俄语shelk'，拉丁语seri-cum，sericus，希腊语seres，sērikos都有关系。英语里的seres，seric，sericeous，serge，sericulture等都是它的孳乳字。③汉语"丝"字的现代音sɿ和中古音si，虽然和印欧语里的各种语词不太切合，可是它的上古音*siəg就有几个音素可以和它们比较。所以印欧语里这些关于"丝"的语词

① Thomas Watters，*Chiness Language*，pp. 393~394.

② Friedrich Hirth and W. W. Rochhill，*Chau Ju-kua, His Workonthe Chinese and Arab Trade in the 12th and 13th Centuris, entitled Chu-fan-Chih*，St. Petersberg，1912，pp. 116~120.

③ 参看《牛津字典》IX，si，p. 46；WalterW. Skeat，*A oncise tymological Dictionary of the English Language*，p. 485；*Webster's New International Dictionary of the English Language*，2nd. Ed.，pp. 2285b~2337b.

无疑是从中国* siəg借去的。从历史来讲，丝业最初是中国发明的，也是我们物质文明最早传布到全世界的。我们养蚕和缫丝的方法在3世纪的时候传到日本。先是日本派了几个高丽人到中国来学习，这些人回到日本去的时候带回了四个中国女子专教皇宫里的人各种纺织的技术。后来日人在Settsu省为这四个女子建了一座庙以纪念她们的功德。相传在5世纪的时候，有一个中国公主把蚕种和桑子缝在她的帽子里，然后经和阗越葱岭而传到了印度。等到地中海的人学会养蚕的时候已经是6世纪了。当时罗马皇帝茹斯逊年（Justinian）派了两个波斯僧侣到中国来学习各种缫丝和纺织的秘密。约在纪元550年，这两个僧侣把蚕种藏在一根竹竿里才带到了君士坦丁，于是，"西欧1200多年的丝业都发源在这竹管里的宝藏"。[①]欧洲人所以叫中国作Sĕres或Sĕrres，正可见他们心目中的中国就是产丝的国家。西洋人对于蚕能吐丝的事实好久不能了解，于是发生了很有趣的观念。有的人以为丝是一种植物，生长在树上。在15世纪的时候有一个英国人说："有一种人叫Serres，他们那里有一种树上长着像羊毛一般的叶子。"因此英国人常称丝作"中国羊毛"（Serres'wool）。这种观念的历史很古，罗马诗人Virgil就说过：

How the Serres spin，their fleecy forests in a slender twine.

（中国人把他们羊毛的树林纺成细纱。）

一直到16世纪，Lyly的书里还记载着很奇怪的传说，以为丝的衬衫能使皮肤出血！[②]

后来中国和西欧的海上交通发达起来，我们输出的丝织品的

---

① *Encyclopedia Britanica*，vol. 20（14th. ed.），pp. 664~666
② 佘坤珊《英文里的中国字》，第7页。

种类也渐渐多了。于是流行在英国的贷词，有Canton crape（广东绉纱）或China-crape（中国绉纱），有pongee（本机绸），Chefoo silk（芝罘绸）或Shantung silk（山东绸）。此外像pekin指北京缎，nankeen指南京黄棉布，那又从丝织品推广到棉织品了。①

可以代表中国文化的输出品，除了丝以外就得算瓷器，我们中国的国名China也因此竟被移用。不过，Sěrres是用出产品代表国名，China却是借国名代表出产品罢了。China和拉丁语Sinae，希腊语Thinai，印度语Cina都同出一源。关于它的语源，虽然有人以为它或者是纪元前4世纪时马来群岛航海家指示广东沿岸的名称②，可是我个人还赞成它是"秦的对音"③。当瓷器输入欧洲的时候，英国人管它叫chinaware，意思就是ware from China（中国货）。随后chinaware的意思变成ware made of china（瓷器），末了把ware也省去了，于是就变成了china。现在"中国"和"瓷器"在英文里的分别只是字首大小写的区别。可是在说话里，Chinaman（中国人），chinaman（卖瓷器的人），甚至于和chinaman（瓷人）三个字的第一音段读音是一样的，只是第二音段的元音，因为轻重读的不同，分成〔ə〕和〔æ〕两音罢了。

中国的瓷器最初是16世纪的葡萄牙人带到欧洲去的。他们不像英国人那样含糊地叫"中国货"，而特别取了一个名子叫它

---

① 同上，第6~7页。

② 劳佛（B. Laufer），*The Name China*（《支那名称考》），T. P. s. Ⅱ，XⅢ（1912），pp. 719~726。

③ 伯希和（P. Pelliot），*Deux Itni é raires de China en Inde*，B. E. F. E. O.，Ⅳ，（1901），pp. 143~149，又 T. P. s. Ⅱ，XⅢ（1912），pp. 727~742.（见前）。

porcellana（后来变成英文的porcelain），意思就是"蚌壳"，他们把那光润乳白的质地比作螺甸那样可爱。

英国的陶业到18世纪才有，以前都是依靠着中国输入大量的瓷器。随着陶业的发展，许多技术上的名词也进了英文。起先他们由中国输入不可缺的原料如"高岭土（kaoling）和"白土子"（petuntze）。kaoling是江西景德镇西北高岭的译音。高岭土亦叫作china-clay，porcelain-clay或china-metal。白土子也是原料之一，但是没有高岭土价值贵。这两种原料配合的成分"好的瓷各半；普通的用三分高岭土对六分白土子；最粗的也得用一分高岭土对三分白土子"①。制成瓷器以后，第二步当然要加彩色，于是china-glaze，china-paints，china-blue，china-stone种种瓷釉的名称也跟着来了。最初他们着重模仿中国瓷器上的花纹，所以"麒麟"（chilin or kilin）、"凤凰"（fenghwang）和"柳树"（willow pattern）也被他们学去了。柳树花纹是英人Thomas Turner在1780年输入英国的。后来这个图案很受欢迎，于是日本商人看到有机可乘，就大量地仿造，用廉价卖给英美的平民。②

第三种代表中国文化的出产品就要推茶了。这种饮料在世界文明上的贡献恐怕不亚于丝和瓷。中国饮茶的风气从唐时才开始盛行起来③，但张华《博物志》已经有"饮真茶令人少眠"的话，

_____

① *Encyclopedia Britanica*，vol. 5，p. 549，china-clay；《牛津字典》Ⅱ，p. 35l，又 V，p. 652。

② 佘坤珊《英文里的中国字》，第7~9页。

③ 封演《封氏闻见记》："李季卿宣慰江南，时茶饮初盛行。陆羽来见。既坐，手自烹茶，口通茶名，区分指点，李公心鄙之。茶罢，命奴子取钱三十文酬茶博士。"按陆羽于上元初（A. D. 760）隐苕溪，则茶饮盛行于 8 世纪中叶。

可见茶有提神止渴的功用晋朝时候的人早就知道了。外国流行一个关于茶的传说，也可证明它的功用。相传印度的和尚菩提达摩（Bodhidharma）发愿要睁着眼打坐九年。三年终了的时候他发觉两只眼睛闭上了，于是割去了眼皮继续打坐。到了第六年终了正疲倦要睡的时候，偶然伸手从身旁的一棵树上摘下一个叶子来含在嘴里，顿觉精神百倍，使他达到九年不睡的初愿。①

　　欧洲最早的茶商是葡萄牙人。②他们在16世纪的末叶到中国来买茶，那时他们采用普通话的读音chɑ。后来远东的茶叶都操在荷兰人的手里。这些荷兰人都集中在南洋一带，所以厦门人先把茶叶由中国运到爪哇的万丹（Bantan），然后再用荷兰船载往欧洲各国。厦门口语管茶叫作[teˉ˥]，荷兰人也跟着读téh。因此欧洲人凡是喝荷兰茶的像法、德、丹麦等国的人都采用厦门音（例如法语thé，德语Tee或Thee，较早的欧洲音tā），而喝大陆茶的俄、波、意诸国都保持官音（例如意语cia，俄语чай［ts'ɑːi］，葡萄牙语o chá）。英国最早也采用官音（例如Thomas Blount在1674年的作品里就拼作cha），后来因为大量地购买荷兰茶的关系才把cha废掉而改用tea。Tea在英文里最初的出现，是1615年东印度公司一个职员威克涵（Wickham）的信里；1600年9月28日裴匹斯（Samuel Pepys）的日记里又拼作tee。③起

----

① *Encyclopedia Britanica*, vol. 21（14th. ed.），p. 857.

②　关于茶的最早记录，在852年有阿拉伯sēkh字见于 *Relation des Voyages faits par les Arabes et les Persans dans l'Inde et à la China dans le IXe Siècle de l'ere Chrētienne*, *Reinaud* 译本I, p. 40 又作 Chai Catai，见1545年 *Ramusio Dichiaratione*, in Ⅱ, p. 15；参阅 Hobson-Jobson, new edition，pp. 905~908。

③　W. W. Skeat, *A Concise Etymological Dictionary of the English Longuage*, P. 545；Encycloumlio Britarica, vol. 22（14th. ed.），p. 857.

初英人把茶看做一种极珍贵的饮料，后来渐渐变成一般平民不可少的日用品。同时英人也不专靠荷兰茶商的供给，他们自己到中国来采购各地名产。一时茶类名目的繁多引起了下面四句诗：

What tongue can tell the various kinds of tea?

Of Black and Greens，of Hyson and Bohea；

With Singlo，Congou，Pekoe and Souchong，

Cowslip the fragrant，Gunpowder the strong.

Bohea就是福建的"武夷"，Pekoe是"白毫"，Congou是所谓"工夫茶"，Hyson是"熙春"，Cowslip是"牛舌"，Gunpowder近于我们所谓"高末儿"。在这首诗以外的还有Twankay"屯溪"，Keemun"祁门"，Oolong"乌龙"，Young Hyson或Yüchien"雨前"，也随着茶叶输入到英文里去。茶叶以外还有砖茶（brick-tea）、瓦茶（tile-tea）和粒茶（tisty-tosty）等，那只是质地和形状上的区别罢了。

一部分英国人以为饮茶可以使人懦弱，所以管好喝茶的人叫tea-spiller或tea-sot。从茶字英文也产生了一个成语："to take teawith"，意思是和人计较，特别是含敌对的意思。这也许由上海所谓"吃讲茶"来的。因为吃茶的习惯，英国人在日常生活里增加了不少新东西，像tea cloth（茶巾）、teapot（茶壶），teacup（茶杯），teakettle（开水壶），tea-urn（茶罐），tea spoon（茶匙），tea table（茶桌），tea tray（茶盘），tea set（茶具），tea rose（茶香月季），tea biscuit（茶饼），tea gown（茶礼服），tea party或tea fight（茶话会），tea service（备茶，清茶恭候）等，都是从茶的文化输入英国后才产生的。我国近来所用"茶话会"的名词和办法也恰好像管牛

肉汁叫"牛肉茶"（beef tea）一样，它们都是中国字到外国旅行一趟，沾染上些洋味儿又回到本国来了。①

除了茶叶之外，我们还有好多种植物输入英美去。属于花草类的有china-aster（蓝菊），china-rose（月季），china-berry（楝树），china-pink（石竹）等；属于水果类的有china-orange也叫mandarin orange（金钱橘），loquat（枦橘或枇杷），litchie（荔枝），cumquat（金橘），whampee（黄皮）；属于蔬菜的有pakchoi，petsai或chinese cabbage（白菜），china-squash（南瓜），china-pea（豌豆），china-bean（豇豆）等；属于药材类的有ginseng（人参），galingale（莎草或高凉姜）②，chinaroot（菝葜根）等。此外还有中国的苎麻（china-grass或china-straw），据说是自然界中最坚固的纤维；由桐树上所榨取的桐油（tung-oil或woodoil），它在抗日战争时几乎变成我国唯一换取外汇的输出品。

---

① 佘坤珊《英文里的中国字》，第9~12页。

② 高凉姜现广东称良姜，汉高康县，三国时名高良郡，今广东高州。此字在中世纪时西行路线，一般以为是汉语（广东）—波斯语—阿拉伯语—法文—英文。在英国有极长久的历史。《牛津字典》上说：galingale 大概是来自中文的"Koliang kiang"，意思是"mildginger from ko"，a prefecture in the province of Canton. 这种姜除了当药用之外，主要是作烹饪里的香料。凡是中古欧洲的厨子都要会用这不可缺少的调味姜。英诗人乔叟（Chaucer，约1340~1400）在他的 *Canterbury Tales* 里曾经描写他的厨子有专门手艺做姜煨小鸡，说：

A cook they hadde with hem for the nones,

To boiUe the chikens with the mary bones,

And poudre-marchant tart, and galingale.

可是远在乔叟以前350年，英文已经发现有 Rev. G. A. Stuart *Chinese Materia Medica*，pp. 31~33。按马坚教授云：阿拉伯人译高凉姜为 khulinjan，传入德国变成 galingal，传入英国后再变为 galingale。

咱们再看看有关商业和海上生活一类的字。西洋人来和咱们通商，第一当然要明了中国的度量衡和币制。有些名词像"细丝"（sycee）、"两"（liang）、"里，厘"（li），他们就用"声音替代"法直接借过来。"细丝"本来是指银子的纹理，后来就变成了"元宝"的别名。不过，中英贸易本来是由南洋渐渐北移到沿海的中国本土，因此有些名词英国商人就懒得译音，而采取他们熟识的马来字来代替：tael（银两），catty（斤），picul（担）等，便都是这一类。关于海上生活的字，像typhoon是"大风"的对音，咱们在上文已经讨论过了。除此之外，sampan（舢板），tanka（疍家）一类的字也可以给"浮家泛宅"的疍民生活映出一张小照。上海自从道光二十二年（1842年）开做商埠后成了国际贸易的重心，所以shanghai这个字在英文里的意义也特别多。它除去代表一种鸡（据说能生双黄蛋）、一种油（恐怕就是桐油）和一种枪以外，还代表一种绑票的行为。当一只船上缺少水手时，常到岸上找一个人，把他用药酒灌醉，叫他在船上做苦工。这种主动行为叫"to shanghai"，被害方面叫"to be shanghaied"。上海还有一种中西交通的特产就是洋泾浜英语。这种语文英美人叫pidgin或pigeon English。据说pidgin是中国人误读英语business的讹音。因为中国人不会读business遂致错成pidgin，再以讹传讹就变成"鸽子"（pigeon）了！"鸽子英文"的确是中英杂糅的结晶，是由一个不懂得英语的中国人和一个不懂中国语的英国人要想交换意见，自然而然产生的。它应用中文语法和有限的英文讹读字，临时凑成一种语言工具。应用的时候，双方各仗以手势和种种脸上的表情，随机应变。类似pidgin方式产生的字，咱们可以举cumshaw做例。这个字虽然有人以为粤语"感谢"的音译，可是很可能是commission的误读。因为cumshaw的意思并不限于"礼物""小账"，而实在含有"佣钱"的意思在里头。

此外，由我国近代史实或官制借到英文里去的，有Taiping（太平天国），Boxer（义和拳），Kuomintang（国民党），yamen（衙门），tupan（督办），tuchun（督军）①，tsungli（总理），tipao（地保）等等；由我国输出的玩艺儿得名的，有tangram（七巧图），fire-craker（爆竹），gold-fish（金鱼），Chinese-tumbler（搬不倒儿），Chinese-lantern（纸灯笼）等等；甚至于连代表"本位文化"的赌博："番摊"（fan-tan）和"麻将"（mah-jong），在英美的交际场上也都不是陌生的语词了！Chopsuey起初不过是一碟普通的"抄杂拌儿"，推究语源只是"杂碎"的对音。可是现在它已成了中国菜的总名，连纽约极大的餐馆，像羊城、顶好、上海饭店也都用chopsuey house做招牌。外国人吃中国饭的大障碍显然是那双筷子，起初他们译作nimbles ticks，不过现在还是叫chopsticks最普通。由我们的民间用语流入英文里的，可以拿feng-shui（风水）做代表。Joss这个字本来是pidgin英语从葡萄牙文Deos（神）借来的，在中国特指神的偶像。于是他们管中国的佛堂叫Joss-house，庙里边的香叫Joss-stick。②

中国素号"礼仪之邦"，咱们传统的繁文缛节不免给西洋人很深刻的印象。有时他们觉得咱们过分的拘泥礼节了。法国人很幽默地把一切繁文缛节叫作chinoiserie。这个字的精彩很快地被英

---

① 由这个字演生的还有 tuchunate 和 tuchunism 两个字。
② 佘坤珊《英文里的中国字》，第14~16页。

国人所赏识，于是就借了去变成chinesery。①咱们还有时为顾全对方的面子起见不肯当时表示异议，英国人管这种虚伪叫作Chinese compliment。说到"顾全面子"恐怕是我们对于英文最得意的贡献了。在英文常用的成语里有"to save one's face"一句话，据《牛津字典》记载这句话的来源说：

Originally used by the English community in China, with referenceto the continual devices among the Chinese to avoid incurring or inflicting disgrace. The exact phrase appears not to occur in Chinese, but "to lose face"（丢脸），and "for the sake of his face"（为他的面子）are common.

可是在《韦氏字典》却承认"to lose face"在美国的普遍性了。②

在旧节中，外国人顶不习惯的是跪拜礼。所以《牛津字典》里对于kowtow（叩头）这个字有一句富有幽默的描写：

The Chinese were determined they should be kept in the constantpractice of the koo-too. or ceremony of genuflection and prostration.③

其实中国人哪里都是常常曲膝叩头的呢！武清郭琴石（家声）师有一首咏叩头虫诗说："如豆形骸不自休，黑衣未脱便包羞。有生

---

① 《简明牛津法文字典》，p. 163, a；《牛津字典》Ⅱ，p. 354；《韦氏字典》pp. 468~469；向达说："Chinoiserie 一词始于 18 世纪，其时它的字义指着一种中国风尚。Reichwan 的 *China and Europe* 一书有专章讨论它。"

② 《牛津字典》Ⅸ，P. 137；《书氏字典》p. 1460，C。

③ 《牛津字典》Ⅴ，p. 753。

直合为强项，此豸缘何但叩头？只要眼前容请放，焉知皮里蓄阳秋！倘教拒斧能相识，一怒真应嫉若雠！"①它很可以代表一部分"有生直合为强项"的中国人的抱负！在近代中国外交史上还有一段关于叩头的故事：当清嘉庆二十一年（1816年）英国的亚墨哈斯（Lord Amherst）奉使来华，因为不肯在觐见时遵行跪拜礼，清廷就勒令他回国，并有"嗣后毋庸遣使远来，徒烦跋涉"的话！这场关于"叩头"的纠纷，有清仁宗为英使亚墨哈斯来华致英王的敕谕为证：

……尔使臣始达天津，朕饬派官吏在彼赐宴。讵尔使臣于谢宴时即不遵节礼。朕以远国小臣未娴仪度，可从矜恕。特命大臣于尔使臣将次抵京之时，告以乾隆五十八年使臣行礼悉跪叩如仪，此次岂容改异？尔使臣面告我大臣以临期遵行跪叩，不至愆仪。我大臣据以入奏。朕乃降旨于七月初七日令尔使臣瞻觐；初八日于正大光明殿赐宴颁赏，再于同乐园赐食；初九日陛辞，并于是日赐游万寿山；十一日在太和门颁赏，再赴礼部筵宴；十二日遣行：其行礼日期仪节，我大臣具体已告知尔使臣矣。初七日瞻觐之期，尔使臣已至宫门，朕将御殿，尔正使忽称急病，不能动履。朕以正使猝病，事或有之，因只令副使人见。乃副使二人亦同称患病，其为无礼，莫此之甚！朕不加深责，即日遣令回国！……②

---

① 《忍冬书屋诗集》，叁，七。
② 《清仁宗实录》，叁贰零，五，王先谦《东华录》嘉庆肆贰，一；Harley Farnsworth, *MacNair Modern Chinese History Selected Readings*, Shanghai. 1923. pp. 11~13。

相传这里头还有中国官吏从中拨弄的内幕。不管怎样，这总算中国外交史上一段有关"叩头"的趣事。英文里还有chin-chin一字，本来是我们的口头语"请请"的译音。《牛津字典》上说"请请"是"A phrase of salutation"，照它所引证的例句来看：

We soon fixed them in their seats，both parties repeating chinchin，chin chin，the Chinese term of salutation. ［1795 Symes *Embassyto Ava* 295（Y.）］

这句话里的"请请"分明是让座的意思，并不是问好，不过辗转引申，渐渐地变成致敬的意思：

On the thirty-sixth day from Charing-cross a traveller can be making his chin-chin to a Chinese mandarin.（1885 Paul Mall G. 15Apr. 4／1）

后来索性变成动词"to salute，greet"：She "Chin-chins" the captain，and then nods her pretty head.（1859 *All Y. Round* No. 1，18.）①

这未免以讹传讹，离开本义很远了。

以上关于中国话借进来或借出去的语词已经拉杂地举了好些例子，可是这仅仅是汉语借字研究的起例发凡。我很希望后起的同志能够受我这一点儿示例的启发更有进一步的探讨。最后我且引帕默的话作本章的结束：

从语言借字的分析，可以看出文化的接触和民族的关系来。这恰好像考古学家从陶器、装饰器和兵器的分布可以推出结论来一样。②

---

① 《牛津字典》Ⅱ，p. 352；Hobson-Jobson，pp. 200~201。

② L. R. Palmer，*Modern Linguistics*，p. 159.

咱们应该知道借字在语言研究中的重要，但咱们切不可陷于牵强附会的错误。正确的结论是由充实的学问、致密的方法、矜慎的态度追寻出来的。

第五章　从地名看民族迁徙的踪迹

地名的研究实在是语言学家最引人入胜的事业之一，因为它们时常供给人们重要的证据，可以补充和证实历史家和考古家的话。①

在英国的西部有好些地名都含有克勒特（Celtic）语的成分，比如Pendle Hill，Penhill，Penbridge，Pentrieh含有威尔斯（Welsh）语的pen＝"头"，这些地名大部分发现在Dorsetshire，Wiltshire，Worcestershire，Staffordshire，Derbyshire和Lancashire几州。这种分布指示："至少在英国西部曾经有很多说克勒特语的人口遗迹。那么，让我们且举一个可以注意的例。在Dorsetshire的东北角Cranborne Chase森林中间，毗连叫作格林姆古壕（Grim's Ditch）的一边，有一堆克勒特语的地名。这个全区域被许多不列颠村落的遗址所围绕着。"这个结论是Zachrisson在他最近的研究《古不列颠的罗马人、克勒特人和撒克逊人》（*Romans，Celts and Saxons in Ancient*

---

① L. R. Palmer，*Modem Linguistics*，p. 168.

Britain）中所得到的。①

还有Avon也是一个克勒特字，意思是"河"。"它在曼克斯（Marx）语写作Aon，盖尔（Gaelic）语写作Abhainn（读作avain）。我们也可以找到古代的读法amhaim，auwon。这个字变成英格兰、苏格兰、法国和意大利许多河的专名。Stratford Avon流经Warwickshire和Worcestershire。Bristol Avon把Gloucester和Somerset两州分开。在Gloucestershire还有一条小Avon流进Berkeley炮台。有一条Hampshire Avon流过Salisbury到Christchurch。另外一条在Lyminton入海。在Devon，Monmouth，Glamorgan，Lanark，Stifling，Banff，Kincardine，Dumfries和Rose诸州，也有好几条河叫作Avon和Evan。"②总括起来说，这一条克勒特的地名带从波希米亚（Bohemia）伸展，经过欧洲直到英伦，像Vienna，Paris，London都在它的范围里头。③

斯堪的纳维亚人（Scandinavian）在英国的殖民也可以由地名的研究解明。就像Ingleby这一个字（英文的village"村落"或farm"田庄"），便能显现斯堪的纳维亚侵略者在York-shire的加紧殖民。因为照毛尔（Mawer）所指出的，"除非在这些区域的人口里斯堪的纳维亚人曾经占过优势，偶然有最古居民的残存，这个字应该是没有意义的。"④

被征服民族的文化借字残余在征服者的语言里的，大部分是地

---

① *Modem Linguistics*. p. 169.

② Isac Taylor, *Words and Places*，p. 153.

③ Leonard Bloomfield, *Language*，p. 464.

④ L. R. Palmer, *Modem Linguistics*，p. 170.

名。在美国的印第安人（Indian）文化遗迹已经日渐消失了，可是有许多地名却都是从印第安借来的，现成的例子就有Massachusetts，Wisconsin，Michigan，Illinois，Chicago，Milwaukee，Oshkosh，Sheboygan，Waukegan，Muskegon等。①

从中国的地理沿革上，也可以找到许多地名显示出古代民族交通的踪迹。例如，《汉书·地理志》张掖郡治下有骊靬县，故址在今甘肃永昌县南。钱坫《新斠注地理志》卷十二"骊靬县"条云："《说文解字》作骊靬，《张骞传》作犛靬，《西域传》作犁靬，本以骊靬降人置县。"《史记·大宛传》的黎轩，《后汉书·西域传》的犁鞬，也就是这个地方。关于骊靬这个地名的解释，夏德（F. Hirth）说是Rekem②，白鸟库吉说是（A）lek（s）an（dria）的缩译③，此外还有很多不同的解释④。桑原骘藏说："骊靬名称的解释，虽然还没有定说，可是它是当时罗马帝国或其一部分的地名，现在的学术界已经没有异议了。"⑤《汉书·地理志》又有龟兹县，颜师古注："龟兹国人来降附者，处之于此县，故以名云。"《新斠注地理志》卷十三谓即陕西米脂县。按古龟兹（Kuci）在现在新疆库车县（Kuca），汉代的龟兹县既然在现在陕西的米脂境，可见当

① L. Bloomfield, *Language*, p. 464, 参看 Alfred Louis, *California Place Names of Indian Origin*（1916 Berkeley, University of California Press）。

② Hirth, *China and the Roman Orient*, p. 171.

③ 明治三十七年4月号《史学杂志》所载《大秦国及指葆国考》，第25~26页；又王古鲁译，《塞外史地论文译丛》第1辑，第16~18页。

④ 参看 Hirth, *China and the Roman Orient*, p. 170。

⑤ 桑原骘藏《关于隋唐时代来往中国之西域人》，载内藤博士《还历祝贺支那学论丛》，此文经何健民译称《隋唐时代西域人华化考》，中华书局出版。

时已经有一部分龟兹人移居陕西了。①又《汉书·西域传》下温宿国条，颜师古注："今雍州（陕西）醴泉县北，有山名温宿岭者，本因汉时得温宿国人令居此地田牧，因以为名。"按古温宿国在今新疆阿克苏县，那么，汉时温宿岭的得名，也由移民而起。②

西晋末年，五胡乱华，中原沦陷。元帝南渡，重在建康立国。中原人民不堪异族蹂躏的，相率往江南迁徙。他们起初还抱着侨居的思想，打算重返故乡。终于因为二百多年中原不能收复，久而久之，也不再有北归的念头，他们的后裔就死心塌地地做了南方人了。这次民族迁徙是中华民族发展史上一大关键。不过因为它是民间自动的事情，和朝廷法令没有关系，所以正史纪传很少详细的记载。后代研究历史的人虽然明明知道这件事情，可是对于当时迁徙的情况却不大了然。假如咱们打算在现存的史料里明了这次民族迁徙的情况，唯一的办法就是从当时侨置的州郡县去找线索。

当时对于南渡的老百姓，有根据他们的旧籍贯侨置州郡县的制度。（例如，兰陵郡和东莞郡晋初本来都在现在的山东境内，后来因为这两郡的住民迁徙到现在的江苏武进县境内，于是就在该地侨置南兰陵郡和南东莞郡。这就叫作"侨郡"。州县仿此，下文可据此类推。）原来的用意是在使这批流亡的人们怀念故土，不忘北归，咱们却可根据这些侨置的地名去了解这次民族迁徙的情况。这种侨置州郡县在沈约《宋书·州郡志》、萧子显《南齐书·州郡志》和唐人所修的《晋书·地理志》里，都有详细的记载。咱们只要把这些记载整齐排比起来，考证它们侨寄的所在地和年代等，当

---

① 同上页注释⑤。
② 同上页注释⑤。

时迁徙的痕迹就不难明了大半了。谭其骧的《晋永嘉丧乱后的民族迁徙》①一文就是这样作成的。他照现在的行政区域把江苏、安徽、湖北、江西、湖南、四川、河南、陕西、山东九省里在当时的侨州郡县，根据《宋书·州郡志》把它们的"本地""侨地"列成详表，并且把东晋、宋初和南齐制度的参差处也列在备考里边。照他考证的结果：

　　江苏省所接受之移民，较之其他各省特多，以帝都所在故也。见诸《宋志》者，计有侨郡二十三，侨县七十五。其中来自北方诸省者以山东占极大多数十五侨郡三十九侨县，河北次之一侨郡五侨县，河南、山西、陕西又次之河南一郡二县，山西三县，陕西一郡一县，独甘肃无。而本省及安徽省境内淮南北之人，又多有侨在江南北者本省三郡二十一县，安徽二郡三县。至侨民麇集之地，则江南以今之江宁、镇江、武进一带为最，江北以今之江都、淮阴诸县地为最。

　　安徽省境内侨民之来自北方诸省以河南占极大多数八侨郡五十四侨县，河北次之一侨郡六侨县，山东、山西又次之各三侨县，陕甘二省无。而本省及江苏省境内淮南北之人，亦多侨在大江南北本省四郡十三县，江苏一郡六县。江北所接受之移民较江南为多，此与江苏省境内之情形相反。侨在江南者都聚于下游芜湖附近一隅，江北则散处江、淮间，自滁、和以至于颍、亳所在皆侨置郡县。……今江南有当涂、繁昌二县，其名皆得于东晋世所立之侨县。按当涂西晋故属淮南

---

　　①　《燕京学报》第 15 期（1934），第 51~76 页。

郡，今怀远县地；繁昌故属襄城郡，今河南临颍县地。睹名思义，犹可想见当时河南、淮南人之走在江南也。

湖北一省可画分为三区而论：一、江域上游，江陵、松滋一带，其侨民多来自山西、陕西、河南，又有苏、皖之淮域人。二、江域下游，武昌、黄梅一带，其侨民多来自河南，亦有安徽之淮北人。三、汉水流域，上自郧西、竹溪，下至宜城、钟祥，而以襄阳为之中心；是区所接受之移民倍于本省其他二区，而以来自陕西者为最多，河南、甘肃次之，河北、山西、安徽、四川又次之。……今省境内有松滋县，亦得名于东晋之侨县。按松滋西晋故属安丰郡，今安徽霍邱县地。

江西、湖南二省处皖、鄂之南，距中原已远，故流民之来处者较少，且其地域仅限于北边一小部分。

四川省境内共有十余侨郡，数十侨县，然其情形至为简单：侨民除绝少数系河南人外，皆来自陕西、甘肃及本省之北部；侨地除彭山一地外，皆侨在成都东北，川、陕通途一带。彭山亦接近成都。

河南省之大部分属黄河流域，南境旧南阳府及光州、信阳一带则属淮、汉流域。此淮、汉流域刘宋及萧齐皆据有之，故亦侨置郡县以处北土流民。其中大部分都来自本省北部，而宛、邓、丹、淅之间，亦有来自陕西、甘肃及河北南部者。

陕西自终南山以南属汉水流域，曰汉中，东晋及宋齐皆据有之。其侨民几皆来自甘肃、四川及本省之北部。

山东省全境皆属北部中国，然亦有侨州郡县者，以刘宋尝据有省境今黄河以东南之一大部分也。试分省境为三区，则东端登、莱半岛于输出输入两无关系，河以西北为输出区，中间一段为输入区。

外省侨民大都来自河北，亦有河南之河以北及山西人。

这篇文章可以算是"从地名看民族迁徙的踪迹"的一个有系统的具体的实例。本章限于篇幅不能转载各表，也不能逐一罗列各地名；读者愿意作进一步研究的可以参看原文。

关于中原人民南迁的途径，谭君以为："如汉水为陕、甘人东南下之通途，故南郑、襄阳为汉域二大都会，同时亦为陕、甘移民之二大集合地。金牛道即南栈道为陕、甘人西南下之通途，故四川省境内之侨郡县，皆在此道附近。时邗沟已凿，穿通江、淮，故沟南端之江都及其对岸之镇江、武进，遂为山东及苏北移民之集合地。淮域诸支流皆东南向，故河南人大都东南迁安徽，不由正南移湖北也。"

南迁的时代，约略可分做四期：

（一）大抵永嘉初乱，河北、山东、山西、河南及苏、皖之淮北流民，即相率过江、淮，是为第一次。元帝太兴三年（A. D. 320），以琅玡国人过江者侨立怀德县于建康，盖为以侨户立郡县之第一声。其后并侨置徐、兖、幽、冀、青、并、司诸州郡于江南北；明帝继之，又置徐、兖诸侨郡县于江南。

《宋志序》，"自夷狄乱华，司、冀、雍、凉、青、并、兖、豫、幽、平诸州一时沦没，遗民南渡，并侨置牧司。"

《南徐州序》，"晋永嘉大乱，幽、冀、青、并、兖州及徐州之淮北流民相率过淮，亦有过江在晋陵郡界者。徐、兖二州或治江北。江北又侨立幽、冀、青、并四州。"

《晋志·司州后序》，"元帝渡江，亦侨置司州于徐。"

《晋志·徐州后序》，"明帝又立南沛、南清河、南下邳、南东莞、南平昌、南济阴、南濮阳、南太平、南泰山、南济阳、南鲁等郡以属徐、兖二州。"

（二）成帝初以内乱引起外患，江、淮间大乱，于是淮南人及北方人向之侨在淮南者，更南走渡江，是为第二次。

《宋志》扬州淮南郡，"中原乱，胡寇屡南侵，淮南民多南渡。成帝初苏峻、祖约为乱于江、淮，胡寇又大至，民南渡江者转多，乃于江南侨立淮南郡及诸县。"

南徐州，"晋成帝咸和四年（A. D. 329）司空郗鉴又徙流民之在淮南者于晋陵郡界。"

南豫州，"成帝咸和四年（A. D. 329），侨立豫州，治芜湖。"

（三）自康、穆以后，"胡亡氐乱"，中原兵燹连年，而以关右所遭之蹂躏为最甚，于是陕西、甘肃之人，多南出汉水流域；时桓温已灭蜀，故亦有南走四川境者，是为第三次。

《宋志》雍州，"胡亡氐乱，雍、秦流民多南出樊、沔。晋孝武始于襄阳侨立雍州，并立侨郡县。"

秦州，"晋孝武复立，治襄阳。安帝世在汉中、南郑。"西京兆郡、西扶风郡，"晋末三辅流民出汉中侨立。"

益州安国郡，"晋哀帝时流民入蜀侨立。"怀宁郡、晋熙郡，并秦、雍、关、陇流民，晋安帝立。

（四）宋武帝北平关、洛，复有青、冀、司、兖之地。自宋武帝没，南北交相侵略，而宋人屡败。少帝世既然已失司州，文帝世魏人又大举南侵，以至于瓜步六合县东南。至明帝世而淮北四州及豫州、淮西并没北廷，于是其民多南渡淮水；又文帝世氐虏数相攻击，关、陇流民亦多避难走在梁、益，是为第四次。

《宋志》司州，"少帝景平初（A. D. 423），司州复没北虏，文帝元嘉末（A. D. 453）侨立于汝南。"

南兖州北淮郡、北济阴郡、东莞郡，并宋末失淮北侨立。

兖州，"宋末失淮北，侨立兖州，寄治淮阴。"又侨立东平郡于淮阴，侨立济南郡于淮阳。泰始五年（A. D. 469）侨立高平郡于淮南当涂县界。

徐州，"明帝世淮北没寇，侨立徐州，治钟离。"

青州，"明帝世失淮北，于鬱洲侨立青州。"

雍州冯翊郡，秦州冯翊郡，三辅流民出襄阳、汉中，元嘉中侨立。

益州南新巴郡、南晋寿郡，元嘉中以侨流于剑南立。

《齐志》梁州，"宋元嘉中……氐虏数相攻击，关、陇流民多避难归化。"

由上文所罗列的材料，咱们对于当时各地方接受移民的数量、人民迁徙的途径和迁徙的时代，都可以得到一些颇为清晰的印象，可以补充正史纪传所缺略的地方。所以我认为谭君这篇文章是结合历史地理学和语言学的一个范例。

关于少数民族古今分布的差异也可以从地名透出曙光来，我们现在且举壮族做例。据芮逸夫的《西南少数民族虫兽偏旁命名考略》①，壮人的现代分布区域为：

广西——上思，蒙山，柳江，凤山，龙胜，永福，钟山，田西，修仁，贵县，三江，罗城，宜北，南丹，河池，果德，横县，凌云，东兰，田东，万冈，天保，向都，同正，平治，敬德。

广东——茂名，化县，信宜，电白，灵山。

贵州——荔波。

但是李荣在他的《民族与语言》第三节《从壮语地名考证壮人古代地理分布》里②，根据徐松石的《粤江流域人民史》③引用了含有"那""都""古""六"的壮语地名若干。其中含"那"字的有：

番禺的都那，新会的那伏，中山的那州，台山的那伏墟，清远的那落村，高要的那落墟，新兴的那康，阳春的那乌，恩平的那吉墟，开平的那波塱，阳江的那岳，电白的那花，化县的那楼，吴川的那罗，石城的那良，合浦的那浪，灵山的那炼，海康的那仙，徐闻的那加，琼山的那环，澄迈的那夹塘，临高的那盆岭，儋县的那赛，万县的那密，云浮的那康，钦县的那宽，柳江的那六，雒容的那马，罗城的那然，来宾的那研，河池的那龙，思恩的那伏，东兰的那雅，武鸣的那白，宾阳的那甘，百色的那崇，田东的那律，田阳的那岸，凌云的那弄，西林的那阂，昭平的那更，蒙山的那，藤县的那东，郁林的那博，陆川的那鼓潭，平南的那历，贵县的那蓬，武宣的那怀，邕宁的那登，绥渌的那思，隆安的那贫，横县的

① 载中央研究院历史语言研究所《人类学集刊》第 2 卷第 1~2 期。
② 国立西南联合大学中国文学系"语言学名著选读"的读书报告，稿本。
③ 中华书局出版。

那郎，永淳的那旺，龙津的那晓，崇善的那敏，养利的那咘，左县的那榜，镇结的那庄，宁明的那堪，明江的那前，上思的那霞，天保的那吞，镇边的那罗。

含"都"字的有：

番禺的都那，顺德的都宁、都粘堡，新会的都会，台山的都偃水，高要的都万凹，新兴的都斛，高明的都权，恩平的都田铺，德庆的都旧，封川的都郎，开建的都续，信宜的都龙甲，万县的都封水，罗定的都门，云浮的都骑墟，郁南的都城墟，始兴的都安水，阳朔的都历塘，义宁的都劳，龙胜的都乃塘，柳江的都乐，雒容的都勒，罗城的都宿，蒙山的都敢，怀远的都天，融县的都早堡，象县的都乐塘，宜山的都隆墟，天河的都感隘，思恩的都黎塘，藤县的都榜江，容县的都结，怀集的都布，兴业的都北，平南的都榜，贵县的都陆，崇善的都同，左县的都隘，镇结的都结。

这个"都"有时也写作"多"字，所以贵州贵定县北有都卢坪，《唐书》称作多乐。[1]在两广境内用"多"字作地名的有：

天保的多安墟、多浪墟，灵山的多罗山，文昌的多寻图，会同的多异岭，会乐的多坭村，万县的多辉乡，陵水的多昧弓。

含"古"字的有：

南海的古灶，番禺的古楼场，顺德的古楼，新会的古兜山，中山的古镇，三水的占塘，台山的古岭觜，清远的古赖，佛岗的古场坪，曲江的古阳，仁化的古夏村，归善的古灶乡，博罗的古圿塘，河源的古云约，和平的古镇山，海阳的古楼，揭阳的古沟村，惠来

---

[1]　徐松石《粤江流域人民史》原注。

的古产，大埔的古源甲，高要的古坝水，新兴的古伦村，阳春的古宠，广宁的古丽，开平的古博岭，鹤山的古劳墟，德庆的古蓬，封川的古令，开建的古逢，信宜的古丁墟，吴川的古流坡，合浦的古立，灵山的古先，罗定的古榄墟，云浮的古雾汛，郁南的古免甲，南雄的古禄铺，兴宁的古楼坪，钦县的古犁村，防城的古森崀，饶平的古楼山，桂林的古竹，阳朔的古定，永福的古桥，义宁的古落，全县的古留峒，龙胜的古漫，柳江的古练，雒容的古丁，罗城的古善崀，柳城的古丹，怀远的古兆，来宾的古炼，融县的古陇，象县的古陈，宜山的古索，天河的古满，河池的古勇，思恩的古赖，武鸣的古黎，宾阳的古辣墟，迁江的古律山，上林的古立，西隆的古遂，平乐的古文，贺县的古仑，荔浦的古奔，修仁的古沙，昭平的古赞，苍梧的古榄，藤县的古利，容县的古全，岑溪的古味，桂平的古楞，平南的古算，贵县的古蒙，武宣的古雷，邕宁的古桐，横县的古钵山，永淳的古辣墟，崇善的古亮，养利的古敏，镇结的古陇墟，上思的古柳。

含"六"字的有：

台山的六合，封川的六田，阳江的六平山，茂名的六双，信宜的六岸（徐松石原注，信宜的六豪乃是瑶袭壮名），化县的六磊坡，合浦的六朴，灵山的六兰，钦县的六富，防城的六马，柳江的六丁，雒容的六座，柳仁的六料，怀远的六合，来宾的六味，融县的六斗，象县的六外，宜山的六波，河池的六桑，思恩的下六（原注，下六乃瑶袭壮名），东兰的六长，那地的六烘，武鸣的六楚，来宾的六合，迁江的六车，上林的六便，百色的六那，田东的六连，西林的六洛，富川的六丈，荔浦的六折，修仁的六断，藤县的六陋，容县的六槐，岑溪的六凡隘，怀集的六雪岭，郁林的六旺，博白的六务，北流的六靖墟，陆川的六选，平南的六陈，贵县的六闭，武宣的六傍，邕宁的六学（原注，《府志》作禄学），横县的六乌，永淳的六律，镇结的六马，上思的六割，武鸣的六驮，宾阳的六困。

"六"字也写作"禄"，如：

南海的禄境，台山的禄马，高要的禄步墟，四会的禄村，高明的禄塘村，鹤山的禄岗，云浮的禄源村，柳城的保禄，罗城的禄桥，天河的福禄，凌云的禄平，苍培的思禄塘，武宣的禄宽。

或作"渌"，如：

封川的渌山，灵山的渌水村，钦县的渌服，东兰的渌袍，上林的渌浪，那马的渌布，百色的渌晚，田东的渌谢，田阳的渌丰墟，西林的渌丹塘，修仁的渌定，邕宁的渌蒙，绥渌的渌楼，永淳的渌悟。

或作"绿"：

德庆的绿滚，电白的绿岭，荔浦的绿居，藤县的绿眼，容县的绿荫，博白的绿袋，北流的绿地坡。

或作"菉"：

茂名的那菉沉，防城的大菉墟。

或作"陆"：

河池的陆荫。

其实"六""禄""渌""绿""菉""陆"等都是壮语luːk」的对音，原意是"谷"或"山地"。[1]"那"字是壮语naJ的对音，

---

[1] 李方桂《龙州土语》luːk」谷，valley，ravine；又徐松石前引书原注："这六字，渌字，禄字等乃是山地的意义。"

原意是"田"或"水田"。① "都"字或"多"字或许是tu┤的对音，"古"字或许是ku┐的对音，都是壮语的一种地名冠词。

总之，拿以上所引两广境内含有"那""都""古""六"四个字的地名的分布状况和芮逸夫所述现代壮人的地理分布来比较，我们可以说，壮族以前在两广领域的居地比现在大得多。现在他们的居地虽然缩小了，可是因为地名的遗留还显现着壮族的历史上的往迹。

靠近边疆的地名翻译成汉字时，因为当时的翻译人不晓得原来的语义，往往闹出叠床架屋的笑话。在云南省境内就有对比的两个例子。靠近缅甸北部的滇缅边界上有两条河，照中国的译名，一条叫恩迈开江。如果推溯它们的语源，第一条河在山头语（Kachin，即景颇语）叫nmai┧k'a┛，意思是"不好的江"，就是说不便航行；第二条河山头语叫mǔlik┧'a┛，意思是"多树林的江"。"开"是k'a┛的对音，原有江河的意义，译名把"开江"并列，直译起来便成了"恩迈江江""迈立江江"了！在云南西部新平县境花腰摆夷（现称"内地泰族"，也就是"傣族"）区内，有一条河叫作"南渡河"，南渡河是花腰摆夷语nam √ tu ┧的译名。"南"字是台语（包含傣语）nam的对音，原有"河"或"水"的意义，译名把"南"和"河"并用，直译起来就成了"河渡河"了！从这两个例子，我们不单可以推断当初山头族和摆夷族的分布不同，并且可以看出这两种语言的"词序"（word order）也不同。因为山头话把

① 李方桂《龙州土语》na┛田；水田，field；rice-field。徐松石原注："那就是田，那怀就是牛田，那晓就是茅田。"李荣引申报馆《中国分省地图》载广西省田阳县又名那坡，因谓："可见那就是田，是决无问题的。"

"开"＝k'a放在修饰语的后面，摆夷话把"南"nam放在修饰语的前面，很显然地表现两种不同的词序。①

最后我想举两个在抗战时很著名的缅甸地名。当滇缅路畅通时，密支那（myit┤kyi┤na┤）和仰光（Rangoon，or，yan↑kung↑）两个地名无论在军事上或商业上都曾经流行一时的，可是追究起它们的语源来却很少人晓得。密支那〔myit┤kyi┤na┤〕缅语意为"大河边"，"密支"是"大河"的译音，"那"是"旁边"。从地理位置来看这个城恰好在伊洛瓦底江（Irrawaddy）上游的边上，它命名的来源是很清楚的。"支那"两个字和China的对音完全无涉。仰光〔yan┤kung┤〕缅语是"没有敌人"的意思。在这个地名背后还蕴蓄着一段缅甸史实。在缅甸王Alaung Paya以前，这个地方原来叫作Da gon，译言"塔尖"，原为一孟族（Mon）地名。当缅王雍籍牙（Aungzeya）即Alaung Paya王朝时期，有孟人（Mon，也称Talaing）来侵，已经打到了缅京Shwe Bo（译言"金王"）。Alaung Paya带兵抵抗，把敌人驱逐回去。到Dagon敌人溃散，已无踪影，所以就把这个地方改名仰光，以纪念"没有敌人"的光荣史实。当上次太平洋战役时仰光也曾一度为日寇所占据，结果终于把日寇驱逐得无影无踪。那么仰光命名的原意不啻给我们的抗战预示谶语了。②

① 根据我自己所调查的西南边语记录。向达说："《蛮书》中亦有一例：卷二谓'诺水出吐蕃……谓之诺矣江。'藏语黑曰诺，水曰矣，又么些语亦同，即黑水也。"

② 根据我自己所调查的西南边语记录。

第六章　从姓氏和别号看民族来源和宗教信仰

中华民族原来是融合许多部族而成，尽管每个部族华化的程度已经很深，可是从姓氏上有时还可以窥察它的来源。这种例子在历史上和现代人里都容易找到。比方说，尉迟氏是唐朝的望族。相传于阗王室唐以前就属Vijaya一族。据斯台因（M. A. Stein）和柯诺（Sten Konow）诸人研究，西藏文献中的Vijaya就是Saka语的Visa。尉迟氏就是Visa的对音，于是于阗国人到中国来住的都以尉迟为氏。至于唐代流寓长安的尉迟氏诸人，大概出自三个来源：一支出于久已华化的后魏尉迟部一族（如敬德、窥基）；一支是隋唐之际因充质子而到中国来的（如跋质那与乙僧——见张彦远《历代名画记》）；还有一支是族系和来历都不明白的（如尉迟胜在《旧唐书》壹肆肆、《新唐书》壹壹零和《册府元龟》陆玖贰俱有传）。据柯诺在《于阗研究》中考证，尉迟胜就是西藏文献里的Vijaya Sambhava，他的兄弟于阗王尉迟曜就是西藏文献里的Vijaya Bohan，也就是于阗语里的Visa Vahanx①。

又龟兹白氏，冯承钧由龟兹王苏伐勃驶和诃黎布失毕二名所得
Suvarna-puspa（金花）和Haripuspa（师子花）二者推测，怀疑就是
puspa的译音。②此外像唐代的康姓出于康国（Samarkand），米姓出
于《西域记》的弭秣贺（Maymurgh），曹姓出于曹国（《西域记》
劫布呾那国，阿拉伯地理学者所说的Kabudhan或Kabudhmlgekath，
地在撒马尔罕东北），安姓出于安国（Bukhara）。③这些例子都可
以从姓氏上推测出它们的中央亚细亚来源。

还有慕容氏本来是鲜卑姓，他的后裔因为讳言所出，分化成了
两支：一支是广东东莞容氏，一支是山东蓬莱慕氏。这两姓看起来
毫不相干，其实是同出于一个祖先的。据向达说："曾晤甘肃老儒
慕受祺，自云吐谷浑慕容氏之后。"那么，现在甘肃省也有慕氏的
后裔。

姓氏和别号有时也可以反映出宗教信仰。中国回教徒的姓固然
有和汉人相同的张、王、刘、杨、金、崔、李、周、曹等普通姓；
同时也有他们特有的回、哈、海、虎、喇、赛、黑、纳、鲜、亚、
衣、脱、妥、以、玉、买、剪、拜、改、沐、朵、仉、把、可、
萨、喜、定、敏、者、撒、忽、洒、靠、羽、摆等纯回姓和马、
麻、白、满、蓝、洪、丁、古、宛、穆等准回姓。纯回姓都以回教

---

① 向达《唐代长安与西域文明》第6~8页。

② 向达《唐代长安与西域文明》第11页引《女师大学术季刊》2卷2期《再说龟兹白姓》。

③ 向达《唐代长安与西域文明》第12~24页。

徒的谱系作基础，准回姓就有依据汉姓来的。①因此咱们有时根据这些姓氏就可以推断他们是不是回教徒。况且西北一带流行的民谣有："十个回子九个马，剩下一个准姓哈"；云南的民谣有："张汉人，李倮倮，回回总是姓马多"。这也可见一般人民已经有从姓氏推断宗教信仰或民族来源的习惯。现在咱们且举几个例，以示回族姓氏渊源的一斑：

萨姓是元萨都剌的后裔。萨都剌是sa' dullah的对音，乃阿拉伯文sa'd "吉祥"和allah "上帝"两字所合成，译言"天祥"。萨都剌字"天锡"，恰好和阿文姓的原义相应。丁姓是元丁鹤年的后裔。元戴良《九灵山房集》有《高士传》，为丁鹤年作，原文说："鹤年西域人也。曾祖阿老丁，祖苫思丁，父职马禄丁，又有从兄吉雅谟丁。"清俞樾《茶香室续钞》云："鹤年不言何姓，而自曾祖以下，其名末一字皆丁字，不知何义，世遂以鹤年为丁姓，非也。国朝钱大昕补《元史·艺文志》有丁鹤年《海巢集》一卷，《哀思集》一卷，《续集》一卷，亦误以鹤年为丁姓也。"按"丁"是阿拉伯文din的对音，本义是"报应"。凡宗教皆持因果报应之说。故阿拉伯人称宗教din。阿老丁是Ala-ud-Din的对音，译云"宗教的尊荣"；苫思丁是Shams-ud-Din的对音，译云"宗教的太阳"（元咸阳王赛典赤也名赡思丁）；职马禄丁是Jamal-ud-Din的对音，译云"宗教的完美"（至元四年撰进《万年历》的西域人札马鲁丁与此同名）；吉雅谟丁是Diyam-ud-Din的对音，译云"宗教的典型"。鹤年业儒，汉化的程度很深，所以冠丁为姓。又马姓是由

---

① 参阅小林元著《回回》第331~337页。

"马沙亦黑"缩减而成。马沙亦黑是阿拉伯文Shaikh Marhmmad的对音。Shaikh译云"老人",是阿拉伯人对于长者的尊称,英文写作Sheik或Sheikh。阿拉伯人的尊称常常放在人名的前头,我国人感觉不便,所以将人名提前,而称作"马哈麻·沙亦黑",更简称作"马沙亦黑",于是马变成姓,沙亦黑变成名。西北和西南的回民大都姓马,就是这个原因。①此外如哈姓出于哈散,纳姓出于纳速剌丁②,赛姓出于赛典赤赡思丁……也都是有渊源可考的。

从别号反映宗教信仰的,例如北周宇文护小字萨保。《周书》拾壹载他给他的母亲阎姬的信说:

违离膝下,三十五年,受形禀气。皆知母子,谁同萨保,如此不孝!

萨保就是萨宝,和祆教有关。南北朝时中国人或华化的塞外种族间,盛用和宗教有关的命名,其中和佛教有关系的名字比较多。像宇文护的哥哥宇文导小字菩萨,就是其中的一个例。③向达说:"兹按火祆教官名萨宝,隋已有之。《隋书·百官志》:'雍州萨保,为视从七品……诸州胡二百户已上萨保,为视正九品。'萨保即萨宝,皆回鹘文sartpau之译音,义为队商首领。日本藤田丰八、羽田亨、桑原骘藏诸人已详细予以讨论,兹可不赘。"他又说:"《隋书·百官志》论齐官制云:'鸿胪寺……典客署,又有京邑

---

① 以上三例承马坚教授提示,特此声谢!

② 小林元《回回》,第332页。

③ 何健民译《隋唐时代西域人华化考》第60页。

萨甫二人，诸州萨甫一人。'萨甫亦即sartpau。"①按藤田丰八《西域研究》（《史学杂志》）谓萨宝或萨保是梵语sârthavâho的对音，原义是队商的领袖。桑原骘藏又据羽田亨引Radloff说②以回纥语把队商的首领（der karavanenführer）叫作sartpau，似乎和萨宝的关系格外密切。③由于以上的种种论据，我们从宇文护的小字便可以推断他和火祆教的渊源了。

又《元史》壹贰壹《速不台传》附《兀良合台传》："宪宗即位之明年，世祖以皇弟总兵讨西南夷乌蛮、白蛮、鬼蛮诸国，以兀良合台总督军事。……甲寅秋……至昆泽，擒其国王段（智兴）〔兴智〕及其渠帅马合剌昔以献。"按马合剌昔就是梵语Mahāraja的对音，译言"大王"，字也写作"摩诃罗差"。因为蒙古译语往往读j-作si，所以译作"剌昔"。一本"剌昔"作"剌者"，那就更和raja的译音接近了。④佛教流行于大理很久，直到现在阿阇黎教的遗迹还散布在云南迤西一带。那么，元初段智祥的渠帅马合剌昔，从名字上看，无疑是信佛教的了。

自从基督教传播中国以后，许多人的名字也显露宗教的色彩。例如，元朝的阔里吉思、马祖常、赵世延等，都可从他们本身或先世的名字来推断他们是信仰基督教的。《元史》壹叁肆《阔里吉思传》："阔里吉思，蒙古按赤歹氏。曾祖八思不花……祖忽押

---

① 向达《唐代长安与西域文明》第82~83页。
② 羽田亨《回鹘文法华经普通门品之断片》，载大正四年九月号《东洋学报》第397页。
③ 《隋唐时代西域人华化考》第122页。
④ 关于这一点我得谢谢邵心恒（循正）的启示！

忽辛……父药失谋……枢密副使孛罗……引见世祖。"据张星烺考证：阔里吉思就是Geogius的译音，咱们不单从他自己的名字知道他是基督教徒，并且从他的祖父忽押忽辛Hoham Hoshaiah和他的父亲药失谋Joachim的对音更可得到确切的佐证。①又《元史》壹壹捌另有一个《阔里吉思传》："阔里吉思……成宗即位，封高唐王。西北不安，请于帝愿往平之。……是年冬，敌兵果大至，三战三克，阔里吉思乘胜逐北，深入险地，后骑不继，马踬陷敌，遂为所执。敌诱使降……竟不屈死焉。……子术安幼，诏以弟木忽难袭高唐王。"据陈垣说："据近人之考察，则阔里吉思即《马可孛罗游记》之佐治王（King George），其所据者为现存罗马之西纪1305年（元大德九年）1月8日主教蒙哥未诺在燕京所发之第一书。其所述之信教佐治王地位事迹及卒年遗孤等均与驸马高唐王之阔里吉思相合。……近人因阔里吉思为汪古部长（即雍古），《元史》本传载其兄弟姊妹之名又皆基督徒之名，遂断定为即《马可孛罗游记》及蒙哥未诺第一书之佐治王。然其兄弟姊妹而外，其父爱不花，季父君不花，亦皆热心之基督徒也。"②1935年秋江上波夫在百灵庙一带发现刻有叙利亚文的景教徒墓石多种。其中有与高唐王阔里吉思相关者一石，文云："神仆天主公教会信徒阔里吉思之墓，阿孟。"亦可为进一步之佐证。至于马祖常是基督徒，张星烺曾经举出三个证据："（1）凡《元史》中雍古部人传每多基督教徒之

————————

① 参看张星烺《马可孛罗游记导言》第三章增补附注，1924年排印本，《受书堂全书》第一种。

② 陈垣《元西域人华化考》引 *Histoire de men Jobeleka* Ⅲ，北京大学《国学季刊》第1卷，第4号，第597页。

名；祖常为雍古部人。（2）马祖常所作其曾祖月合乃《神道碑》叙述家世人名：汉式名二十五，蒙古名一，基督教徒名十有四。（3）月合乃祖名把造马野礼属，此名基督教聂思脱里派中尤多见之。"①陈垣在张氏所举的以外又补充了五条证据，其中的第四条说：元也里可温，大概包含罗马、希腊、聂思脱里各派。马祖常之先究属何派？据《马氏世谱》开宗明义第一句即云："马氏之先，出西域聂思脱里（Nestorius）贵族，始来中国者和禄采思（Haram Meshech）。""则马祖常之先为也里可温中之聂思脱里派而又尝掌高等神职者也。"②现在综合张、陈两氏的说法，参照马祖常所作《故礼部尚书马公神道碑铭》③和黄溍所作《马氏世谱》④，除去把造马野礼属（《谱》作伯索麻也里束）和和禄采思以外，咱们还可以举出，月忽难（《碑》作曰忽乃），习礼吉思（《碑》作锡礼古思），灭都失剌，保禄赐（《碑》作报大师），奥剌罕，约实谋，阙里奚斯，雅古，也里哈，岳难，易朔……，都是基督教徒的名字。又《元史》壹捌零《赵世延传》："赵世延字子敬，其先雍古族人……曾祖黝公（Tekoah）……祖按竺迩（Anthony）……父黑梓（Hosea）……世延历事凡九朝……五子，达者三人：野峻台……次月鲁（Julius），伯忽……"世延本人的姓名虽然完全华化，可是他

---

① 陈垣《元西域人华化考》引张星烺《马可孛罗游记》卷一，第五十九章附注，北京大学《国学季刊》第1卷，第4号，第592页。

② 陈垣《元西域人华化考》，北京大学《国学季刊》第1卷，第4号，第593、596页。

③ 北大图书馆藏弘治刻本马石田文集系四库底本，中多馆臣涂改处，习礼吉思正如碑文作锡礼古思。又阔里吉思馆改作克埒济苏。

④ 黄溍《金华文集》卷四十三，第1~5页，《四部丛刊》本。

的前三代和下一代都用基督教的名字，那么，无疑地可以断定他是基督教世家了。①再就眼前找几个熟人，像符保卢、马约翰之在体育界，洪煨莲、赵萝蕤之在学术界，马宝莲、陈彼得之在昆明西南联大的外国语文学系，即使你没看见过他们本人，单从他们的命名，就可以推知他们是曾经受过洗礼的人物。

临末了儿，我还要简单介绍所谓"父子连名制"。父子连名制是藏缅族（Tibeto-Burman speaking tribes）的一种文化特征。靠着它可以帮助从体质和语言两方面来断定这个部族里有许多分支的亲属关系，并且可以决定历史上几个悬而未决的部属问题。概括地说起来，在这个部族里父亲名字末一个或末两个音节常和儿子名字的前一个或前两个音节相重（overlapped），它的方式大约有底下四种：

1. ABC	—CDE	—DEF	—FGH
恩亨糯	糯笨培	笨培呙	呙高劣
2. A□B	—B□C	—C□D	—D□E
龚亚陇	陇亚告	告亚守	守亚美
3. ABCD	—CDEF	—EFGH	—GHIJ
一尊老勺	老勺渼在	渼在阿宗	阿宗一衢
4. □A□B	—□B□C	—□C□D	—□D□E
阿宗阿良	阿良阿胡	阿胡阿烈	阿烈阿甲

在分支里虽然不免有小的参差，大体上很少超越上面所举的几个方式。

---

①　参看陈垣《元西域人华化考》，北京大学《国学季刊》第1卷，第4号，第623页。

我对于这个问题前后写了三篇文章①，共计收了缅人支三例，西番支二例，倮倮支七例，民家支六例。所概括的支派有缅人、茶山、么些、倮倮、阿卡、民家六个部族；分布的地域自云南的大理、姚安、云龙、维西、丽江、片马、噬戛、武定、孟遮、孟连，南达缅甸，北到贵州的水西、四川的冕宁和西康的大凉山。应用这个语言和文化的交流我曾经解决了几个历史上的民族问题：

有些历史学家和西洋人研究东方学或摆夷民族史的，像Herveyde Saint-Devis，Parker，Rocher，Cochrane等，认为南诏和摆夷的亲缘很近，应该属于泰族（Tai Family），并且说南诏就是摆夷所建的王国。据王又申翻译的达吗銮拉查奴帕原著的《暹罗古代史》上说：

据中国方面之记载，谓汰人之五个独立区域合成一国，时在唐朝，称之曰南诏。南诏王国都昂赛，即今日云南省大理府。南诏之汰人素称强悍，曾多次侵入唐地及西藏，但终于佛历一千四百二十年（877年）间与唐朝和好。南诏之王曾与唐朝之公主缔婚。自此以后，王族之中遂杂汉族血统，汰人亦逐渐忘却其风俗习惯，而同化于中国。虽则如此，汰人尚能维持独立局面。直至元世祖忽必烈可汗在中国即皇帝位，始于佛历一千七百九十七年（1254年）调大军征伐汰国，至入缅甸境内。自彼时起以至今日，汰人原有土地乃尽沦落而变成中国。

---

① 《论藏缅族的父子连名制》，载在南开大学边疆人文研究室 1944 年 3 月出版的《边藏人文》第 1 卷第 3、4 期合刊；《再论藏缅族的父子连名制》，载在 1944 年 9 月出版的《边政公论》第 3 卷第 9 期，第 18~21 页；《三论藏缅族的父子连名制》。载在 1944 年 12 月出版的《边疆人文》第 2 卷第 1、2 期合刊。参阅附录一。

对于这个意见，咱们且不提出别项驳议，单就世系来推究，已经够证明它不对了。

据杨慎所辑的《南诏野史》引《白古记》，南诏先世的世系是：

骠苴低——低蒙苴——蒙苴笃……

从此以下传36世至

细奴罗——罗晟——晟罗皮——皮罗阁——阁罗凤——凤伽异——

异牟寻——寻阁劝——〔劝利晟
　　　　　　　　　劝龙晟——晟丰祐——世隆——隆舜——舜化真

纪南诏之书传世尚有蒋彬《南诏源流纪要》。彬，湘源人，明嘉靖初官云南大理，得《白古记》《南诏记》等士（土？）人著作，乃撰是书。此书系嘉靖刻本，天一阁旧藏，现存北大图书馆。

假如咱们承认父子连名制是藏缅族的文化特征，而且据亡友陶云逵说，他所看到的车里宣慰司的摆夷宗谱又绝对没有这种现象，那么，看了南诏蒙氏的世系以后，上面所引的意见当可不攻自破了。

至于南诏以外其他五诏的世系大部分也用父子连名制，如：

蒙隽诏凡四世：

隽辅首——佉阳照（弟）——照原——原罗

越巂诏或么些诏凡二世：

波冲——于赠（兄子）

浪穹诏凡六世：

丰时——罗铎——铎罗望——望偏——偏罗矣——矣罗君

邆睒诏凡五世：

丰咩——咩罗皮——皮罗邓——邓罗颠——颠文托

施浪诏凡四世：

望木——望千（弟）——千傍——傍罗颠①

后来大理段氏汉化的程度较深，这种文化特征已不显著。可是段智祥的儿子叫祥兴，孙子叫兴智，无意中还流露出父子连名制的遗迹来。至于创立"大中国"的高氏也还保持着这种风俗。他的世系是：

高智升——高升泰——高泰明——高明清

高氏的子孙清初做姚安府土同知，仍然沿用父子连名制。光绪二十年所修《云南通志》卷壹叁伍，第一七页，引《旧志》说：

顺治初，高奣映投诚，仍授世职。奣映死，子映厚袭；映厚死，子厚德袭，雍正三年以不法革职，安置江南。

按《云南备征志》拾玖《云龙记往》里的《摆夷传》，有一条记载说：

先是夷族无姓氏，阿苗生四子，始以父名为姓：长苗难，次苗丹，次苗委，次苗跖。苗丹子五人：曰丹戛，丹梯，丹鸟，丹邓，丹讲。五子中唯丹戛有子曰戛登。

这分明又是一条父子连名制的证据。不过原书所谓"摆夷"应该是"焚夷"或"白夷"的错误，也就是白子或民家。我在前面已经说过泰族并没有这种文化特征；而且从云南土族的分布来讲，云龙也只有白子而没有摆夷，所以我才敢有上一条的校勘。如果我所

---

① 六诏的世系是参酌樊绰《蛮书》、《新唐书·南蛮传》和杨慎《南诏野史》所定的。

断定的不错，那么，拿这条材料和大理段氏、"大中国"高氏和姚安高氏的世系来比勘，我们对于民家的族属问题，除去语言的系别以外①，又可以找到文化上的佐证了。然而证据却还不止这个呢。

1944年7月我们一行33人应马晋三（崇六）、阎旦夫（旭）、陈勋仲（复光）和王梅五（恕）几位的邀请，同到大理去采访县志材料。在回来的时候，我的一个伙伴儿吴乾就曾经在大理下关得到两种有关父子连名制的好证据。他所得到的材料，一个是《善士杨胜墓志并铭》，大明成化三年（1467）"龙关习密僧杨文信撰并书咒"，原碑在大理下关斜阳峰麓么些坪；另一个是《太和龙关赵氏族谱叙》，天顺六年（1462）二月吉旦"赐进士第南京国子监监丞仰轩山人许廷端顿首拜撰"。在前一种材料里，我们发现：

杨贤——杨贤庆——杨庆定

祖孙三世都是父子连名，庆定以下则不然。吴乾就按云："庆定，明洪武间人，洪武十五年左右副将军蓝玉、沐英率师克大理，设官立卫守之，②庆定遂为都里长。是则元代段氏之世，杨氏仍沿风习，行父子连名制。至是汉人移居者多，当地土著，渐濡汉化，杨氏之放弃其父子连名旧习，盖其一端也。"

---

① 李方桂曾经假定："The Minchia and some minor dialects may also belong to this（Tibeto-Burman）groups"，参看 *Languages and Dialects*, *The Chinese Year Book*, Shanghai, 1938~1939issue, p. 49。

② 《明史》叁壹叁，列传二〇一，"云南土司一大理"条："（洪武）十五年，征南左将军蓝玉、右将军沐英率师攻大理……大理悉定，因改大理路为大理府，置卫，设指挥使司。……十六年……命六安侯王志、安庆侯仇成、凤翔侯张龙督兵往云南品甸，缮城池，立屯堡，置邮传，安辑人民。……二十年诏景川侯曹震及四川都司选精兵二万五千人，给军器农具，即云南品甸屯种，以俟征讨。"

在后一种材料里，我们又发现：

赵福祥——赵祥顺——赵顺海

祖孙三世也是父子连名，自赵赐（顺海子）以下，这种文化遗迹就不可复见了。吴乾就按云："赵氏自赵福祥而赵祥顺、赵顺海，祖孙三代亦父子连名，其始祖永牙，唐末人，自永牙至福祥数世，当亦如此，惜其名讳失传，无可考按耳。降及赵顺海子赵赐，父子连名制始废。赐，元末明初人，以习密宗，洪武间曾随感通寺僧无极入觐；此与龙关杨氏自明洪武间杨胜始不以父名连己名，正可参证，是则谓大理土著在元以前皆行父子连名制，迨明洪武十五年蓝玉、沐英戡定大理后，汉人移殖者日众，当地土人始渐渍汉化，举其远古之习惯而废弃之，当无可疑也。"

拿以上两种事实和我在前面所举的大理段氏、"大中国"高氏和姚安高氏三个例来互相勘研，咱们可以提出三条新结论：

第一，从这种文化遗迹，我们可以推测大理乃至迤西各县的一部分土著从前曾经和藏缅族有过关系。

第二，善士杨胜墓志的所在地是大理下关斜阳峰麓的"么些坪"。拿这个地名和余庆远《维西闻见录》所记么些姓氏制度和丽江《木氏宗谱》的34代父子连名来互相参究（参看附录一），我觉得这绝不是偶然的巧合，至少可以说，杨胜的先世和广义的藏缅族有过血缘关系。

第三，从前赖古伯里（Terrien de Lacouperie）、戴维斯（H. R. Davies）、丁文江、凌纯声等关于民家族属的推测，由这种文化特征来看，我认为都值得重新考虑了。截至现在，只有李方桂所说民家话属于藏缅群的假设还离事实不远。

第七章　从亲属称谓看婚姻制度

在初民社会里名称的用处极大。名称如果相同，往往认为实质也相同。从称一个女子做姊妹到认真当她做姊妹因而禁止婚配，所差不过一步之隔。所以倘若第十从表（tenth cousin）和第一从表（first cousin）的称呼相同，乱伦的畏惧自然会引申到她的身上去①。为解释上的便利，我现在且举昆明近郊核桃箐村黑夷的亲属称谓做例。

在这种黑夷的亲属称谓中，我们发现：

哥哥、堂兄、姨表兄、大伯子、大舅子（？）同叫作a˩mu˩；

弟弟、堂弟、姨表弟、小叔子同叫作ŋɔ˩zu˩；

姊姊、堂姐、姨表姐、大姑子、大姨子（？）同叫作a˩vi˧；

妹妹、堂妹、姨表妹、小姑子同叫作ŋɔ˩mɔ˩；

---

① Robert H. Lowie, *Primitive Society*，1920，吕叔湘译本《初民社会》第19页，原文 p. 16。

舅表兄弟、小舅子同叫作a˥yw˥ɬa（自己的父母称妻的父同）；

舅表姊妹、小姨子同叫作a˥yw˥mɔ˥（自己的父母称妻的母同）；

姑表兄弟叫作a˥ni˥zu˥（妻的父母称自己的父同）；

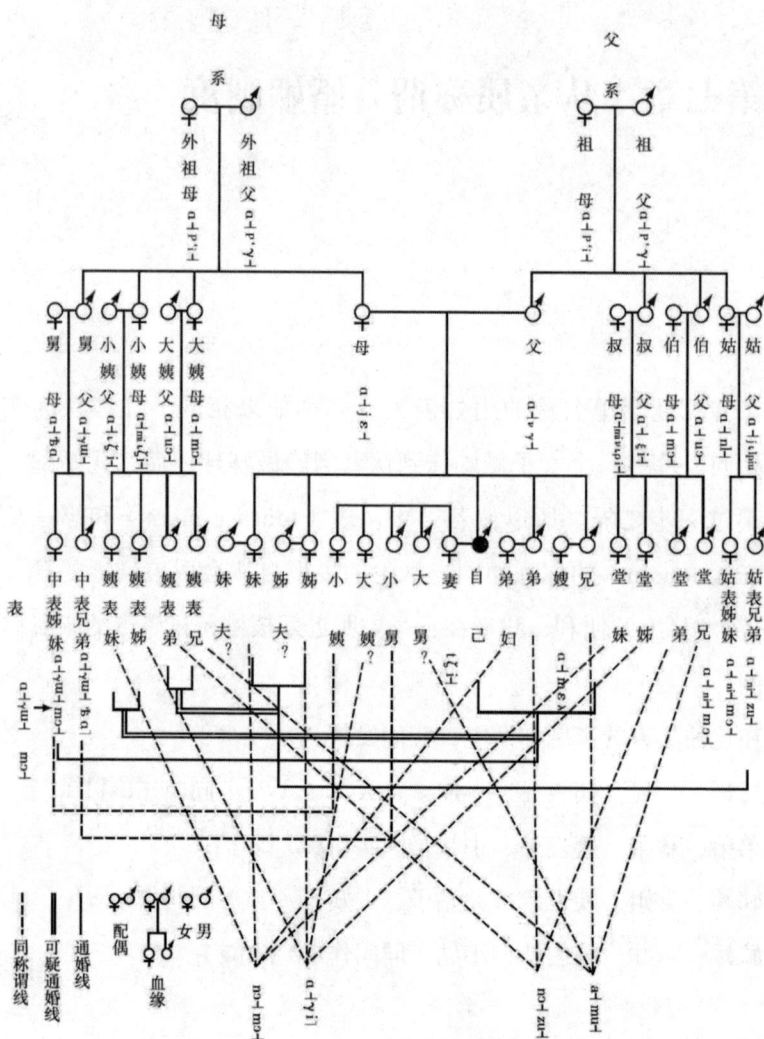

黑夷亲属称谓表

姑表姊妹叫作a˥ni˥mɔ˥（妻的父母称自己的母同）。①

只要仔细把这些亲属称谓考虑一下，我们立刻就可以发现三个问题：（1）为什么叔伯或姨的子女和自己的兄弟姊妹称呼相同，并且和丈夫的兄弟姊妹相混呢？（2）为什么舅父的子女和妻的兄弟姊妹用同样称呼，并且男方亲家可以用来称呼女方亲家呢？（3）为什么姑母的子女的称谓不和其他兄弟姊妹相混，可是女方亲家却用它来称呼男方亲家呢？要解答这些问题先得从表关系和优先婚配（preferential mating）中的从表婚（cousin marriage）来检讨一下。

照社会学上习用的术语，兄和弟或姊和妹的子女，也就是同性同胞（siblings of the same sex）的子女，算是"并行从表"（parallel oridentical cousins），在初民的语言里他们通常也被叫作同胞。反之，兄和妹或姊和弟的子女，也就是异性同胞（siblings of the unlike sex）的子女，算是"交错从表"（cross cousins）。初民语言里通常用表示戚谊较疏的名字来称呼。初民社会所赞许的从表婚，几乎完全限于交错从表，而并行从表则受乱伦的限制不得婚配。交错从表婚即姑舅表婚在理论上可以有两种方式：一种是男子可以娶舅父的女儿，也可以娶姑母的女儿；另一种是外甥可以娶娘舅的女儿，可是内侄不能娶姑母的女儿。两式之中后一种比较更为普通。②黑夷的婚姻制度就属于这一种。因为这种缘故，所以并行从表的称呼相同而交错从表的称呼不同；又因为他们不采取"掉换法"的配偶，反对"骨肉还家"（就是内侄娶姑母的女儿），所以妻的弟妹和娘舅

① 这里所用的材料采自高华年《昆明近郊的一种黑夷语研究》。

② 吕译《初民社会》第32页，原文 p. 27。

的子女称呼相同而和姑母的子女截然不混。男方亲家称女方亲家作中表而女方亲家称男方亲家作姑表也是一样的道理。

这种婚配的方式分布很广，澳洲西部和挨尔湖（Lake Eyre）附近，美拉尼西亚（Melanesia），菲济（Fiji）都可以发现。南部亚洲也许能证明是这个制度最高发达的中心地，至少托达（Toda）和维达（Vedda）人中这种风俗已有详细叙述。印度和印度支那半岛各民族，如阿萨密（Assam）地方的藏人密吉尔族（Mikir）也有同样的制度。此外又见于苏门答腊（Sumatera）。西伯利亚的科里雅克（Koryak）人、堪察达尔（Kanchadal）和通古斯（Tungus）人也合于此式。美洲英属哥伦比亚（Columbia）的北海岸，加利福尼亚（Califomia）的中部以及尼加拉瓜（Nicaragua）等处也有关于这种风俗的报告。南美乞布察（Chibcha）人的女子称呼丈夫和姑母的儿子用同一个字。南非、东非的好些地方，如霍屯督（Hottentot）人、赫勒（Herero）人、巴苏图（Basutos）人和马孔德（Makonde）人也以此为正规的婚配方式。[1]

在这种制度之下，一个人以娶母亲的兄弟的女儿为原则，那么娘舅就是他的丈人。所以在许多行此婚姻制度的民族里，娘舅和丈人往往用同一称呼。例如，在我所调查的三种滇缅边境族语里——还有林耀华所调查的凉山倮倮，便是这样：

	山头	茶山	浪速	凉山倮倮
舅父，岳父	ke˧ tsat˧	juk˧ p'ɔ˧	jauk˧ p'ɔ˧	o gni
舅母，岳母	ke˧ ni˧	juk˧ mi˧	jauk˧ mi˧	gni gni

---

① 吕译《初民社会》第33页，原文 p. 27。

此外，菲济人和维达人也是如此。中国旧式的传统称谓，女婿也称岳父为"舅"而自称为"馆甥"。可是不巧得很，在上边所引用的那种黑夷语里却并不和这种称谓法完全符合。他们称呼父亲、岳父和公公同作ɑˈ˥ vɣˈ˥，母亲、岳母和婆婆同作ɑˈ˥ jɛˈ˥；可是叫舅父作ˈɑˈ˥ ɣɯˈ˥，舅母作ɑˈ˥ ɫɑ˥ ˥，和岳父、岳母截然不混。

这种从表婚制也颇不一致。像上文所举昆明黑夷的例和汉人很接近，但和同属一个部族的凉山倮倮却不相同。据林耀华所调查，"这种倮倮的交错从表婚是交互的，可是他们禁止并行从表间任何形式的婚姻"。所以"姨的子女和叔伯的子女称谓相同。他们都被认为同胞或ma dzz gni mo，因此在他们相互间的婚姻是乱伦的"。他们的亲属称谓中，姑表兄弟a ber zin和舅表兄弟o gni zin，姑表姊妹a sa和舅表姊妹o gni a mi固然各有分别，可是同时又有o zie a sa一个词可以作交错从表兄弟姊妹的总称。况且舅表兄弟、妻兄弟和双方男亲家的直接称谓都是o zie，姑嫂和双方女亲家的直接称谓都是a mia sa，子媳、外甥女和内侄女的直接称谓都是sa mo①：这都反映在凉山倮倮的社会里，交错从表婚是采取掉换法，并没有"骨肉还家"的禁忌，和昆明黑夷的婚姻制度不同。

另外还有两种值得注意的婚姻制度。一种是墨西哥所属的马匝特哥（Mazateco）。在这种社会里，不论交错从表或并行从表都不准通婚。这种限制对于第二从表和第三从表一律适用。可是同姓的

---

① Liu Yueh-Hwa, *Kinship System of the Lolo*, H J A S. Ⅸ, 2, June, 1946, pp. 94~99.

人，假如不是从表的就可以结婚。①他们的亲属称谓，堂兄弟和姑舅表兄弟nøʔé、堂姊妹和姑舅表姊妹nticha都没有交错从表和并行从表的区别，这种称谓是跟实际社会生活相应的。其次，在美拉尼西亚（Melanesia）的特罗不连得群岛（Trobriand Islands）的母系宗族里，有一个跟中国正相反的婚姻制度。这种民族受"族外婚律"（The law Of clan exogamy）的限制，严格禁止和姨母的女儿结婚。他们认为同堂姊妹和姑表姊妹结婚是优先配偶；同舅表姊妹结婚虽然不严格禁止，却是很讨厌的。②

夫兄弟婚制（levirate）和妻姊妹婚制（sororate），也和姑舅表婚相同，有造出某种亲属称谓的趋势。Sapir曾经指明它们的影响有两方面：一方面在两种婚制之下，伯父、叔父往往变成继父，姨母也往往变成继母，用同一称谓来称呼是很自然的事情。过来说，兄弟的子女等于自己的继子继女；姊妹的子女也是如此。关于上述各点Sapir在华盛顿州南部的威希蓝（Wishram）族语中都曾经找到实例。这两种婚俗在语言中显示它的影响还是第二个方法更有趣味。因为伯父、叔父也许将来承受母亲而处于父的地位，往往便直称为父，不加分别字样；为了同一理由母之姊妹也直称为母。兄弟的子女也当做自己的子女一样称呼；姊妹的子女也当做自己的子女。还有男子既然常常娶妻之姊妹，那么把她们和妻用同一个字来称呼自然毫不足奇；女子对于丈夫和可能的丈夫（夫之兄弟）自然也可以

---

① Florence H. Cowan, *Linguistic and Ethnological Aspects of Mazateco Kinship*, *Southwestern Journal of Anthropology*, Ⅲ, 3, 1947, p. 252, 255, 256.

② B. Malinowski, *The Sexual Life of Savages*, London, 1932, （3rd edition）, p. 82.

只有一个称谓。加利福尼亚州西北部的雅希（Yahi）人便直用这种称谓法。这种雅希式的亲族称谓法，在世界上分布颇广；夫兄弟婚制和妻姊妹婚制也都是到处流行的制度。在我们看起来像是谜样的一宗异事——就是说：一个人会有到一打的"父亲"和十二个"母亲"——它们都可供给一个满意的解释。[①]

我们在非洲的通加（Thonga）还遇到过外甥或继子承袭寡妇，以及在密瓦克（Miwok）男子可以娶妻兄弟的子女一类的事例。后一种风俗颇有意味，因为它颇影响于密瓦克的亲属称谓。照吉福德（Gifford）所说，至少有十二个称谓显示这种制度的影响。例如wokli一字非但指妻的兄弟姊也用来指妻兄弟的子女。唯其因为有许多亲属称谓暗示这种婚制的存在，而没有一个称谓显露姑舅表婚的影响，所以吉福德才推论这个制度是密瓦克人的旧俗。[②]

可是专靠亲属称谓来推断婚姻制度也很危险。比方说，云南贡山的俅子（Trung）的亲属称谓有几点很特别。他们叫

叔父、姑父、舅父、岳父做a˧k'ə˥；

叔母、姑母、舅母、岳母做a˥ɲi˥；

姐姐、大姨做ik˧ra˧p'o˧ma˧；

妹妹、小姨做ik˧ra˧p'o˧ma˧a˧a˧dəi˥。

这在穿凿附会的民族学家岂不就可以当做"血族婚"（consanguine family）的遗迹吗？其实并不那样简单，我们不可不慎重。

---

① 　B. Malinowski, *the Sexual Life of Savages*, London, 1932,（3rded.），p. 45.

② 　吕译《初民社会》第46页，原文 p. 38。

摩尔根（Lewis H. Morgan）认为人类的婚姻的进化有三个阶段：第一阶段是完全杂交（promiseuity），第二阶段是血族婚（consanguine family），第三阶段是群婚制（group marriage）。所谓"血族婚"就是兄弟姊妹互婚，但亲子之间已有限制。摩氏引以证明古昔兄弟姊妹互婚的事实是夏威夷人（Hawaiian）的亲属称谓法。他们的称谓法比通常在野蛮部族中所见的一式更简单。大多数初民部族很用心地分别母方亲属和父方亲属；夏威夷人不独不作此种分别，且以同一称呼包括同一辈的一切亲属，一概没有亲疏的分别。例如他们的makna一个称谓，既指双亲，亦包含他们的兄弟姊妹，但加"男""女"等字样以示性别。摩尔根因而推论舅父、伯、叔和父亲同一称谓，正因为在从前舅父本来就是伯叔父，也就是父亲，他们可以同样地亲近那些"母亲"，也就是他们的姊妹。同样，一个人的侄男女、外甥男女都称为子女，正因为他的姊妹就是他的妻，也就是他兄弟的妻。余可依此类推。摩尔根说，婚制尽可变迁，而反映婚制的亲属称谓却富有保守性，可以供给社会制度以古生物似的记录。①

库诺（Herr Cunow）对于摩尔根的逻辑已经列举出有力的驳议。他说："摩尔根只看见夏威夷称谓制的泛涵血亲（blood kindred）而没有注意他们的姻亲（relatives）和血亲（affinities）的分别。他们对于姻兄弟和姻姊妹各有名称，乃至丈夫的父母对妻的父母间的关系（亲家）也有一特殊的名称。倘若夏威夷亲属称谓代表血族婚制，那么这些称谓又有什么意义呢？兄弟姊妹既然通婚，那么我的妻的

① 吕译《初民社会》第68页，原文 pp. 56~57。

兄弟就是我的兄弟，他的父母就是我的父母，至少也是我的父母的同胞了。"①

可是摩尔根的根本错误在于误认土语中译作"父"的一个字在土人的心中等于"生我者"。他觉得夏威夷人不会将舅父称作"父"，除非从前有一个时期舅父确与他的姊妹交合，因而是一个可能的"生我者"。但是这完全是证据的误解。其实，他们并不把舅父叫作父亲，乃是把舅父和父亲用同一的名称来称呼，而这个名词在我们语言里没有一个相等者。再说这种语言上的混同，一定以和同一女子媾合为基础，这是武断的假设，事实上会产生无意识的下文的。夏威夷称谓制的简单而正确的解释，是库诺的说法，它只是血缘亲属的辈分区别（the stratification of blood kindred by generation）。②

翻回来再谈倮子的亲属称谓问题。我们要知道他们虽然把叔父和岳父、姑父、舅父混同，把叔母和岳母、姑母、舅母混同，把姊妹和大小姨混同，可是下面几个亲属称谓却都独立不混的：

父a˥pǎi˥   丈夫ləŋ˥la˥

母a˥mǎl˥   妻pʻo˥ma˥

儿子a˥tɕʻial˥   哥哥il˥ɾa˥də˥maŋ˥

侄子a˥la˥   弟弟il˥ɾa˥a˥də˥

外甥a˥saŋ˥   堂兄弟a˥ɿuaŋ˥a˥tɕʻial˥

照库诺对于摩尔根的驳议来推断，我们还不应该单靠前一节的

① 前引书第70页，原文 p. 58。
② 前引书第70~71页，原文 pp. 58~59。

几个混同的称谓便认为俅子曾有血族婚制的证据。

总结本章所讨论，我们可以说，民族中的亲属称谓颇可作为研究初民社会里婚姻制度和家庭制度的佐证，不过，应用它的时候，得要仔细照顾到其他文化因素，以免陷于武断、谬误的推论。

第八章　总结

　　从第二章到第七章是本书的基本内容，这显然不能概括语言与文化的所有问题，只是挑出一些常见的例子，贯串起来，略加说明罢了。下面所提出的几条结论也不过是总括那几章里的材料归纳出来的：

　　第一，语言是社会组织的产物，是跟着社会发展的进程而演变的，所以应该看作社会意识形态的一种。例如fee字的历史反映着畜牧社会把牲口当作财产；t'lel字从"火钻"转变成"火柴"，反映着阿他巴斯干族有过"钻燧取火"的生活。高黎贡山的俅子和北美印第安的怒特迦族都把结婚叫作"买女人"，尽管现在的社会风俗已经变迁，终究掩饰不了买卖婚姻的遗迹。《说文》里从贝的字都和钱币有关系，足证在"秦废贝行钱"以前，曾经有过"货贝而宝龟"的货币制度。由此可见，一时代的客观社会生活，决定了那时代的语言内容；也可以说，语言的内容足以反映出某一时代社会生活的各面影。社会的现象，由经济生活到全部社会意识，都沉淀在语言里面。马尔（Nicholai Yakovlevitch Marr，1864~1934）一派的耶费梯（Yafety）语言学特别重视语义的（semantic）研究，就因为语义的转变是跟着社会环境和经济条件起的，是动的而不是静止的。①所以语义发展史实在跟社会生活演变史分不开。

第二，语言不是孤立的，而是和多方面联系的。任何社会现象都不能和别的现象绝缘而独立存在或发展。各现象间必得彼此关联，交互影响，才能朝着一定的途径向前推进。语言既然是社会组织的产物，当然也不能超越这个规律。所以语言学的研究万不能抱残守缺地局限在语言本身的资料以内，必须要扩大研究范围，让语言现象跟其他社会现象和意识联系起来，才能格外发挥语言的功能，阐扬语言学的原理。上面六章所根据的材料非但不限于传统的方言，而且还不限于大汉族主义的"国语"。我所采取的例子尽量想概括古今中外的各方面，尤其侧重国内少数民族和国外文化比较落后的民族的口语。从语言和某一民族或某些民族间的联系，往往叫咱们对于较早的人口分布和迁徙得到有价值的启示；并且从语言所反映出来的文化因素显然对于文化本身的透视有很大帮助。本书讨论借字一章材料比较多，篇幅也比较长。从公元第1世纪到20世纪，汉语和其他语言间的彼此关联，交互影响，在这一章里可以找到不少的例子。马尔曾经说："没有交配过的（unhybridized）语言完全不存在。"②在汉语一方面，咱们从这一章已经得到了初步证明；要想做进一步的研究，还得扩大汉语借词和贷词的探讨，并且

---

① 早川二郎译的《考古学概论》附录セベチ言语学，昭和十年（1936），第271~294页。

② セベチ言语学，第282页。

按年代排比起来，用历史唯物论的观点去推寻它们跟各方面文化的联系。这种研究是跟中西交通史分不开的。在其他各章里，咱们也发现了语言跟地理学、姓氏学、人类学都有实质的密切关系。咱们如果能够应用语言和各方面的联系去研究历史或社会现象，在分析具体事物的条件、时间和地点的时候，更可增加一些把握。

第三，语言的材料可以帮助考订文化因素的年代。语言，像文化一样，是由不同年代的各种因素组合成的。其中有些因素可以推溯到荒渺难稽的过去，另外一些因素不过是由昨天的发展或需要才产生的。假如咱们现在能够把文化变迁和语言变迁的关系安排好了，咱们对于文化因素的相对年代就可以估量出来。至于所估量的含混或明确，得要按照特别的情况来决定。照这个法子，语言为解明文化的次第给咱们一种"累积的基层"（stratified matrix）；它对于文化历史的关系，粗略地说，就像地质学对于古生物学似的。①耶费梯语言学也极重视语言学上的古生物学分析方法，它把语言发展的各阶段和社会经济构成各阶段联系起来。②这种新的研究方向已经不像印欧语言学那样专就静止的语言现象去比较它们的构成形式了。本书里并没讨论到怎样获得语言的透视，怎样指出语言因素的年代早晚和怎样构拟较早的读音等问题。不过，在我所举的例子里，像"师子""师比""璧流离""葡萄""苜蓿"反映着汉代或汉代以前的文化交流；"没药"和"胡卢巴"却直到第10世纪、11世纪才见于中国的记载：这一类的文化层次是很显然的。同在一

---

① Edward Sapir, *Time Perspective in Aboriginal American Culture*, pp. 51-54.

② セベチ言语学，第286~291页。

种语言里，像西藏语的借字"滑石"和"玉石"，前一个"石"字有-k尾，后一个没有；"铗子"和"鸭子"，"铗"字有-p尾，"鸭"字没有：这也很清楚地表现它们从汉语借人藏语的年代前后不同。以上这些例子都可以说明语言材料对于考订文化年代的帮助。语言文字在社会发展史上的重要性列昂节夫也曾经说过："我们关于原始社会的知识之宝贵材料是语言：有许多文字是由远古传来的。"①不过，咱们得要注意，语言的变迁比文化的变迁慢得多，文字的变迁比语言更慢。有些文化因素早已变了，可是它的蜕形却仍旧在语言文字里保存着。咱们考订文化年代的时候，不单要把它们的层次顺序分别清楚，还得认识语言的年代一般地要比文化的年代晚一点儿。本书曾经引用了一些《说文》里的例字去推究社会形态，这些文字虽然都是汉代才结集起来的，可是它们并不都是汉代造的，所代表的意识也不全是汉代的社会形态。咱们固然不能根据《说文》里的"斩"字就断定汉代还通行车裂的惨刑②，同时也不能根据甲骨文的"臣""奚"等字就断定奴隶社会到殷代才开始。应用语言文字来考证历史，最要紧的还是联系当时社会的其他情况。例如，殷代的礼制有新旧两派，旧派笃守成规，以武丁为代表；新派提倡革新，以祖甲为代表。就贞卜制度来说："卜行止"，记每日王所经过的行程，只见于新派；而"卜告，卜辇，卜旬，卜求年，受年，卜日月食，卜梦"，生育，疾病，有子，死亡，求雨，求启

---

① 解放社本《社会发展简史》第7页引《政治经济学讲话》第二章。
② 《后汉书》宦官《吕强传》："上疏陈事曰：'……（曹）节等宦官祚薄，品卑人贱，谗谄媚中，佞邪徼宠，放毒人物，疾妒忠良，有赵高之祸，未被辗裂之诛……'"云云，只是文字上的夸饰，不能作车裂惨刑仍旧通行的证据。

各事，则只见于旧派，新派是很少见的。……这都可以看出他们两派对于人事和自然界的现象，观念并不相同。反之，因为旧派卜贞事项的繁夥，却给我们留下更多的史实。因为武丁好卜王后的生育、王子的疾病等，使我们多知道些他的妇子之名。可是我们即使知道了武丁是多妇多子的，却不能说这是武丁一人如此，或者说到了他才实行多妻制。这很明白，新派不见得不是同样的多妇多子，只不过是"不占而已矣"。知道了两派卜事的不同，对于旧派的卜事，我们就应认为这是殷代的一般现象，偶然遗留下来了，并不是一时一王的特殊现象。[①]这种观点是用语言文字考证历史的人们所应该掌握的。

第四，文化变迁有时也会影响语音或语形。本书第一章里说："本编的企图想从语词的含义讨论语言和文化的关系。其中涉及语义学一方面较多，很少牵涉到语音学和语法学两方面。"可是事实上还不能完全摆脱干净。在讨论借字时，咱们曾经引用法语camouflage和rouge两个字借到英语后的语音改变，同样在汉语的纯译音借字一项也有类似的现象。另外像音兼义和音加义的借字、新谐声字和描写词等项，也都可以说明汉语在接触外来文化后还尽量使借字构造国语化。这一类的例子在别种语言里还多得很。比方说，北美印第安的米诺美尼族（Minomini）的语言没有浊塞音，也没有颤音或边音，所以他们把英语的automobile"汽车"转读成［atamoːpen］。菲律宾的他加禄族（Tagalog）的语言没［f］音，

① 董作宾《殷虚文字甲编》自序，第10~11页，《中国考古报告集》之二《小屯》第2本，1948。

所以他们把西班牙语的fiesta"庆祝"转读成［pi'jesta］。①英语的tuchun"督军"，Shanghai"上海"，chin-chin"请请"之类是从汉语借过去的，可是tuchimate"督军制"，tuchunism"督军主义"，to be shanghaied和chin-chins的文法结构却已经英语化了。还有法语的rouge（红，红色）本来只有形容词和名词两种用法，可是借到英语以后，却新产生了"to rouge"（擦胭脂）和"She is rouging her face"（她正往脸上擦胭脂）②一类的句子，其中的动词用法是原来所没有的。以上这些例子都是说明本地的语音和语法往往影响外来的借字。反过来说，一种语言接触外来文化后，能不能使本地的语义、语音、语法发生变化呢？这当然是可能的。关于语义一方面，本书里已经举了一些例子，在这儿咱们还可以补充几个更有趣味的。北美印第安那洼和（Navaho）语现在管"马"叫作łįʔ，可是从比较证据和分析那洼和语的某些复词，发现了这个词原来只有"狗"的意义。因为在没有接触欧洲文化以前，狗是那洼和人的唯一家畜，所以马从欧洲输入以后，本地人就不免指"马"为"狗"了。同样，那洼和语bé·š，从前只有"打火石"（flint）的意思，现在却变成"金属"（metal）：这也是接触欧洲文化的影响。由这两个词的新意义孳衍出来的新复词łįʔɣéɬ（马鞍，-rɣéɬ"负担"）和bé·šéa·ʔ（铁吊桶，-éã·ʔ"篮子"），如果照łįʔ和bé·š的本义来讲就不成词，而且根本不能构成这种复合形式。还有现代那洼和语叫玉蜀黍做nà·ḍa·ʔ，从民族学上的证据，咱们知道，玉蜀黍这种农产物是那洼和族近来才从他的邻近世仇培补罗族（Pueblo）得

---

① L. Bloomfield, *Language*, p. 446.

② 同上，p. 453。

到的。语言的分析和比较研究也可以证实这个结论。nà·dạ·ʔ这个字的语源，现在说那洼和语的人们并不知道，它是从nà·-"仇人"和-dạ·ʔ"食物"复合成的。历史已经说明了，nà·dạ·ʔ直译的意思就是"仇人的食物"。①

文化变迁对于本地语音的影响固然不像语义那样多，可是咱们还可以找到一些例子来说明。在北美印第安阿佩其族（Apache）的起立迦华土语（Chiricahua）里，l或ʐ两个音只发现在中间和末尾的位置。于是当起立迦华人从西班牙借人lôco"疯狂"和rico"有钱"两个字的时候，却转读成lô gò和ʐi gò，于是l和z都得到用在字头儿的新位置了。除去这两个字以外，从它们孳生出来的复合词也都有同样的语音变化。不单如此，因为l和z出现在字头，对于起立迦华语的语音平衡（phonetic equilibrium）也微微地起了扰乱。有些音在本地语词里从来不会出现在l和z后边的，自从和这种文化接触后，新的语音结构也变成可能的了。②广西龙州土语里有很多的词是一个台语本系字加一个汉语借字：如"日子"vani，"日"是台语，"子"是汉语，"竹竿"tcu i，"竹"是官话，"竿"是台语；又如mi˩ cai"不用"，mi i是台语，cai i（使）是粤语等。③这也可以算做文化和语音交互影响的一个例。

当一种语法附加成分（affix）在外来语词里出现很多的时候，

① Harry Hoijer, *Linguistic and Cultural Change*, *Language*，ⅩⅩⅣ，1948，No. 4，p. 341，343.

② Harry Hoijer, *Linguistic and Cultural Change*, *Language*，ⅩⅩⅣ，No. 4，p. 341，343.

③ 李方桂《龙州土语》，第36页，1940。

它可以扩充新结构到本地材料上去。例如，英语agreeable"快意的"，excusable"可饶恕的"，variable"易变的"一类字的词干和词尾-able是从拉丁-法语（Latin-French）来的，可是在由它扩充而成的bearable"可忍的"，eatable"可吃的"，drinkable"可喝的"几个字里的基本动词却是本地的。另外还有一些法语词尾和地道英语基本动词结合的例，就是breakage"破损"，hindrance"障碍物"，murderous"谋杀的"，bakery"面包房"等。又如，拿-er当做"主动者"（agent）词尾是在日耳曼语普遍出现的。在西班牙语里也有类似的例子，像banco"银行"，banquero"银行家"。后来这个词尾又扩充到他加禄语里去，例如〔si：pa?〕"足球"，〔si'pe：ro〕"足球员"；后一个词是和本地来源的〔ma：ni'ni：pa?〕"足球员"并存的。①这些例子都可以作文化变迁影响语形的说明。

* * * * * *

作完总结以后，我深感觉这本书的缺点很多。最显著的是文字和内容还不能使一般大众完全了解，其次是书里所举的中国例子数量还不够多。至于观点和方法也还有些可以商量的地方。不过著者却自信这本小书对于中国语言学的新路已经把路基初步地铺起来了。假如咱们要求进一步的发展，那么我现在郑重地建议：凡是对于建设中国新语言学有志趣的人们应该集体地注意下面三件事：

第一，对于语义的研究，咱们不应该再墨守传统的训诂学方法；应该知道词义不能离开上下文而孤立存在，词书或字典里的解释是不可靠的；应该用古生物学的方法分析各时代词义演变的"累

---

① L. Bloomfield, *Language*, p. 545，455.

积基层"；应该用历史唯物论的方法推究词义死亡、转变、新生的社会背景和经济条件。取材的范围不可再存"雅""俗"的偏见，自经籍子史、词书、专集、语录、笔记、小说、戏曲、传奇，以至于民间谣谚、大众文艺都应该广泛地搜集。研究的方法，一方面要由上而下地从经籍递推到大众口语，另一方面还得根据大众的词汇逆溯到它们的最初来源：照这样就可以把古今雅俗的材料一切都联系起来了。这种工作一个人做固然非常繁重，要是有计划、有步骤地集体进行，我敢保证它可以胜利完成的。

第二，对于现代方言的研究已往二十多年来太偏重语音一方面了。现在要想建立拼音文字的新方案固然还得先要把各地方音系统弄清楚，可是咱们要和第一个建议配合，特别得着重词汇的搜集和研究。这种工作的进行，首先要注意每个常用词汇在各地人民嘴里的活方言有什么异同。比方说："饮""食"两个词在北京话里已经死亡了，可是在广东话里还活着；古汉语"寻""怎""甚"的-m尾和"眨"的-p尾，现代北京人没有承认它们存在的，可是口语里的〔cyei mei〕，"怎么"、"甚么"和"眨巴"还照样流行着；关于"房"和"屋"的大小，为什么南方和北方不同？关于嗅觉的语词为什么有的地方叫"听"，有的地方叫"闻"？同是一种黑颜色，在各地方言里却有"黑""乌""玄"的叫法；同是一个"青"字，在各地方言里却有的代表蓝色，有的代表黑色。诸如此类，不胜逐一列举。咱们要想中国语言的统一，必须先从分析这些矛盾开始。其次咱们得深入各行业、各阶层的里面分头调查他们的惯用语，并编成分类词汇。凡是曾经学过外国语文的人们大概总该知道他们各行业或各阶层间都各自有一套丰富的词汇。比方说，农民有农民的惯用语，工人有工人的惯用语；打猎的有打猎的词头儿，开矿的有开矿的术语；汽车司机的行话和海上水手不同，青年学生的打诨竟使一班老头子瞠目。可是这些全是活鲜鲜的词汇，并不是备而不用的死语。中国的各行业和各阶层里何尝没有这一类的词汇呢？只有任它们自生自灭，语言学家不加搜集，文学家不能应用；一方面委弃宝藏，一方面感觉贫乏，这够多么不经济！毛泽东说：我们的文艺工作者以前对于自己所描写的对象，"语言不懂。你们是知识分子的言语，他们是人民大众的言语。我曾经说过，许多同志爱说'大众化'，但是什么叫大众化呢？就是我们的文艺工作者自己的思想情绪应与工农兵大众的思想情绪打成一片。而要想打成一片，应从学习群众的言语开始，如果连群众的言语都不懂，还讲什么文艺创造呢？"①我觉得关于这一点，语言学家的任务比文艺工作者格外重要。如果大家联合起来，照我所提议的办法做一番工夫，那么语言学家研究的结果，可以供文艺工作者的取材；文艺工作者扩充词汇的范围，也可以鼓励语言学家更作进一步的探索。这样相因相成，彼此就都因为联系而得到发展了。

关于语法的研究，以前的成绩也是不够好的。《马氏文通》的方法固然受到"拉丁文法汉证"的讥评，可是一般研究国语文法的，除去一两部较好的著作，也还不免"拉丁文法今证"的缺陷。至于各地方言的语法研究，那简直还没起头儿呢！咱们现在应该严格使用描写语言学的方法来分析现代中国语的结构，必须一空依傍，完全拿人民大众的口语作根据，然后才能得到活语言的正确语

----

① 《在延安文艺座谈会上的讲话》，见《毛泽东选集》第三卷。

法。等到现代语法有了头绪，才能本着历史观点，用同样的描写方法，去分析以前各时代的古文法。这两种工作是不能混起来同时并进的。

第三，咱们应该认识研究国内少数民族语言的重要性。对于国内少数民族语言的研究，中国学者们一向不大注意，西洋学者们也不像研究印欧语那样热心。专就汉藏系语言（Sino-Tibetan family）来说，第一部关于汉藏语比较研究的论著（B. J. Leyden，*On the Languages and Literature of Indo-Chinese Nations*，*Asia Researches*，X，1808）在19世纪初年就发表了，和它同时发表的印欧语论著（A. Friedrich Schlegel *Uberdie Sprache und Weisheit der Indien*，1808）来对照，在两系语言的初期比较研究中都占重要的位置。为什么在19世纪中，印欧语言学有长足的进步，而汉藏语言学相形落后呢？主要的原因有下面几项：（1）从前真正对于这一系语言作研究的是西洋人，中国学者不单对于这种学问一向不感兴趣，而且也没有准备。欧洲学者专去研究汉藏语的究竟不能跟他们研究印欧语的人数比。（2）欧洲人研究汉藏语的也没有充分准备。一大部分的工作还是传教士做的。他们的贡献不能算不大，但是一个传教士往往在一个地方住一二十年，结果只能给我们一点可宝贵的材料，如字典等。若让他们做科学的语言工作，那就未免太苛求了。（3）研究汉藏语的西洋学者往往有别的主要兴趣，语言反是次等兴趣。例如劳佛（B. Laufer）的主要兴趣在文化传播上，伯希和（P. Pelliot）的主要兴趣在历史上。（4）还有一个缺点就是专门做语言工作的人志愿太广泛，他们不肯精密地研究一种语言，却同时兼顾好些语言作浅尝的摸索。（5）最后一个原因是许多汉藏系语言没有文字的记载，要想得到这些材料必须实际调查。而这种实际调查必须是受过严格语音学训练的人才能办得到的。有以上这些原因，难怪汉藏系的语言研究不能进步了。对于国内其他少数民族的语言研究跟汉藏语也有类似的情况。

自从抗日战争发生以后，有几个大学和学术机关搬到西南后方的川滇黔几省。一向从事语言研究工作的人们亲自接触了许多不同语言的少数民族，不由得鼓励起浓厚的调查研究的兴趣，他们拿科学的语言学方法做工具，在极艰苦的物质条件下也曾得到一些初步的成绩，比起西洋传教士所做的已经迈进了一步。现在各大学和各学术机关已经恢复它们的原有岗位了，各项研究工作也在中华人民共和国《共同纲领》的文化教育政策下逐渐地恢复发展起来了。那么，咱们对于国内少数民族语言的研究有没有继续的必要呢？我觉得咱们不单要赶快恢复，而且要求相当的发展。简单说起来，有以下两个理由：

一、从学术上看，少数民族语言里存在着许多过去文化的"累积的基层"（例见上文），便于咱们应用古生物学的分析方法去认识社会发展的程序。尤其是那些没有文字记载的口语保存了更多大众语言的意识和形式。马尔既然能应用高加索少数民族语言建立了唯物论的耶费梯语言学，咱们为什么不能根据国内少数民族的语言建立中国的新语言学呢？专就古汉语的比较研究来说，国内少数民族的语言也有很大帮助。比方说，北京话的"风"字和四川一种倮保方言的brum（风）乍看起来，毫不相干。可是咱们得知道"风"从"凡"得声，古音应有闭口的-m尾，又，古无轻唇音，它的声母应该是p-，所以"风"字较古的读音应拟作*pium。再说从"风"

得声的"岚",现在的广州话还读作lam。这个例子一方面可以证明"风"字是闭口韵,一方面又可以看出它的声母有从复辅音*pl-变来的可能。这样一来,就可以把"风"字的上古音拟作*plum,那么它和brum岂不发生密切联系了么?如果再拿孙穆《鸡林类事》"风曰孛缆"记载作旁证,这个比较大概不会太牵强。又如北京话的"孔"字和泰语的klong"圆筒",ploang"空,有洞",表面上也各不相涉,但是如果你知道《宋景文笔记》有"孔曰窟笼"一条俗语,你就不嫌把它们联系得太唐突了。此外像"平"字泰语作plieng,"兼"字泰语作klem,"变"字泰语作plien,也都是比较研究的好例子。说到实用一方面,如果咱们想把没有文字的族语系统地记录下来,势必得有一套划一的拼音文字。现有的拉丁化新文字是否够用,应该怎样补充,也非得先把各种族语作一番科学的调查,然后才能解决。由此可见,现在对于国内少数民族语言的研究无论如何是不该踌躇不前的。

二、撇开学术来谈政治,少数民族语言研究也是同样重要的。咱们要想团结国内少数民族首先就得学习他们的语言。斯大林说:"少数民族并不是不满意于缺乏民族联盟,而是不满意于缺乏本族语言使用权。当他们一旦拥有本族语言使用权时,这种不满就会自然消失下去了。"①毛泽东也说:"中国共产党人应当积极地帮助各少数民族的广大人民群众,包括一切联系民众的领袖在内,争取他们在政治上、经济上、文化上的解放与发展,并成立拥护民众利益的少数民族自己的军队。他们的言语、文字、风俗、习惯及宗教信

---

① 　《马克思主义与民族问题》,莫斯科外国文书籍出版局本,第80页。

仰，应被尊重。"①这种政策并且明白规定在中华人民共和国的《共同纲领》里头（第五十三条）。咱们要想实现这种政策首先就得训练一批通晓少数民族语言的人才，然后才能帮助他们提高文化和政治的水平。因为只有把比较落后的民族和部族吸入更高文化的总轨道，才能解决少数民族问题，而沟通语言就是把落后民族"吸入更高文化的总轨道"的重要武器。再以反帝、反侵略的观点来说，咱们尤其应该认识研究少数民族语言的重要。我国从前对于少数民族问题一向是忽略的，可是有侵略野心的帝国主义国家却早就着眼到这一点了。单就语言来说，像西藏、缅甸、摆夷等语言的字典和文法，在几十年前外国人早就编得好好的了，甚至于连没有文字的山头语和傈僳语，外国传教士也各自替它们制订了一套罗马字。有了语言的工具以后，帝国主义者就可以传教、通商，就可以阴谋同化，就可以让咱们的边疆民族供他们驱使。第二次世界大战欧洲战场的英国军队里就有咱们勇猛善战的山头人在内。1943年春天，我在大理认识两位片马的茶山朋友。他们曾经在缅甸的密支那和瓦城受过八九年英国式的中小学校教育，精通缅语，略懂英文，而对于汉语却只能说几句似通非通的泸水方言。他们知道恺撒、查理曼、拿破仑、利温斯顿、维多利亚、乔治、丘吉尔，而不知道秦始皇、汉武帝、唐太宗、赵匡胤、朱元璋、孙中山、毛泽东。有一次，他们听我讲了一段春秋时代的故事，很诧异地问我道："中华民国只有32年，你为什么说到几千年以前呢？"但是我带他们到昆明以后，我渐渐懂得他们的族语，他们也能讲五六成汉语了，他们渐渐

---

① 《论联合政府》，解放社本，第 90 页。

对于中国认识清楚，也懂得当时全面抗战的意义和使命了。这样和我在一起住了两个半月，不单我获得了丰富的语言材料，他们回到家乡去也做了很好的军事向导。还有，在抗日战争开始以后，日本人就想抄袭希特勒的办法，利用语言政策来分化我国滇黔桂三省里的摆夷、壮人、吕人、水家、羊黄、仲家等说台语的少数民族。后来有人到云南省路南县的石林去旅行，曾经听见一个本地人说，他是一千多年前从泰国搬过来的。这种毒素的传播比敌人撒布霍乱疫苗还可怕万分！咱们要想防止帝国主义的侵略野心，帮助少数民族加入更高文化的总轨道，先应从学习他们的语言着手。

最后，我希望全国的语言工作者结合起来，批判地接受我的三个建议，有步骤、有计划地为建设中国新语言学而共同努力！

附录一　汉字的声音是古今一样的吗？

咱们大家应该知道，汉字的形体，从甲骨文、金文，变到籀、篆、隶、楷，是古今不同的；那么，汉字的声音是不是古今一样的呢？明朝陈第说得好："时有古今，地有南北，字有更革，音有转移，亦势所必至。"又说："一郡之内，声有不同，系乎地者也；百年之中，语有递转，系乎时者也。"可见字音之有变迁也正和字形之有变迁一样。这不是空口说白话的，我现在从大家喜欢念的文学书里，搜罗些个实例来，好证明上面这个说法。例如：

"下"字《广韵》在马韵，胡雅切，可是《诗经·邶风·击鼓》拿"于林之下"和"爰居爰处"押韵；《凯风》拿"在浚之下"和"母氏劳苦"押韵；《大雅·绵》拿"至于岐下"和"率西水浒"押韵。"服"字《广韵》在屋韵，房六切，可是《周南·关雎》拿"寤寐思服"上韵"求之不得"，下韵"辗转反侧"；《楚辞·离骚》拿"非时俗之所服"下韵"依彭咸之遗则"。可见周代字音和《广韵》是不一样的。

"西"字《广韵》在齐韵，先稽切，可是汉朝王延寿的《鲁灵光殿赋》拿"芝兰阿那于东西"和"激芳香而常芬"、"历千载而弥坚"、"长与大汉而久存"、"保延寿而遗子孙"、"敦亦有云而不珍"押韵；嵇康《琴赋》拿"沙棠殖其西"和"玉澧涌其前"、"翔鸾集其巅"、"惠风流其间"、"密微微其清闲"押韵。就这个事实来推断，那么，"茜"字从"西"得声何以念作"倩"，也就可以明白了。可见汉魏时代的字音和《广韵》是不一样的。

《南史·羊戎传》把"官家、恨狭、更广、八分"，和"金沟、清泄、铜池、摇飏、既佳、光景、当得、剧棋"几句话的两个字算是双声"体语"；《洛阳伽蓝记》拿"是谁、宅第、过佳"，"凡婢、双声"，"儜奴、谩骂"几句话里的每两个字当作双声体语，"郭冠军家"，四个字当作双声体语。可是"八分"、"凡婢"、"铜池"、"宅第"，在守温字母既不属于一纽，"官家"、"恨狭"、"金沟"、"光景"、"剧棋"、"过佳"，在现代国音又分作两声，可见南北朝时候的字音和隋唐以降是不一样的。

《广韵》真侵和缉昔都不同韵，可是唐朝胡曾《戏妻族语不正》诗云："呼十却为石，唤针将作真。忽然云雨至，总道是天因（阴）"。可见唐朝时候的方音有的和《广韵》不一样。

还有"效"、"流"两摄本来有"ㄠ"、"ㄡ"的分别，可是宋朝曾觌的《钗头凤》词拿"华灯闹，银蟾照"和"万家罗幕香风透"押韵；刘过《辘轳金井》词拿"高阳醉，玉山未倒"和"看鞋飞凤翼钗褪微溜"押韵；陈允平《长相思》问拿"风萧萧，雨骚骚，风雨萧骚梧叶飘"和"潇湘江畔楼"押韵；拿"云迢迢，水遥遥"和"云水迢遥天尽头，相思心头秋"押韵。可见宋朝时候的方音有的和《广韵》不一样。

到了元朝以后，语音变得更厉害了。郑廷玉《惜别》词《怨别离》一折拿"感情风物正凄凄"，和"汾水碧"押韵，拿"归棹急"和"惊散鸳鸯相背飞"押韵；虞集《折桂令》拿"美乎周瑜妙术"和"悲夫关羽云殂"押韵。明朝徐渭的《渔阳弄油葫芦》一折，拿"第一来逼献帝迁都，又将伏后来杀"和"使郗虑去拿，唉！可怜那九重天子，救不得一浑家"押韵；康海《中山狼一半儿》一折拿"恰撞着胡缠厮迸这冤家，想着俺受怕担惊为甚咱"和"则这藏头露尾真没法，怎生把囊儿括，俺将他一半儿遮藏一半儿撒"押韵。这些个都是平入通押的例子，和唐宋的官修韵书绝不相同。至于现在民间俗曲的押韵，那就越发自由了。（参看我的《北平俗曲百种摘韵》）

以上所举的这些个例，是想告诉大家说，中国的字音从古到今确乎经过好些个变化。咱们认清了这一点，对于宋朝吴棫所倡的"叶韵说"才不至于上当。自然，各时代的音韵特点绝不是几句话可以讲得完的，咱们先承认这个古今音异的事实，以后有工夫再慢慢谈一点儿细微的小问题。

（原载《国文月刊》第14期，1942年。

原题下有副题"恬庵说音之三"）

附录二　我是如何走上研究语言学之路的？①

我半生没有什么成就，即使说有一些成就，也是微不足道的。不过，我觉得半生以来我的治学精神，有可供青年同志学习的地方。我心里常有几个字，就是"在缺陷中努力"。我总是感到知识不够，不如别人，因此要求自己要加倍努力。另外，我有一股子知其不可而为之的劲儿，明明知道自己的力量不够做某一件事，但勇于担负起做那件事的责任，不怕困难，不怕辛苦。我总觉得人人都可以做自己的老师。如果说我有什么长处，这就是我的一点长处。

我也有不可学习的一面，这就是我没有把力量放在革命事业上。在我做学问的时期，正是中国反帝、反封建的大革命时期。我做研究工作，没有跟革命配合，而是努力争个人的名利；没有发扬

---

① 本文为 1954 年 2 月 20 日下午，罗常培先生在语言研究所给青年研究人员作的报告。王辅世根据记录整理。

革命英雄主义，而是发展了个人英雄主义。希望大家不要学我，应当把研究工作跟革命事业结合起来，为社会主义革命和建设贡献力量。

下面我谈一谈我是怎么走上研究语言学这条路的。

一、根基薄弱

我家不是地主、资本家或官僚家庭，而是一个没落的封建家庭。我的父兄都不是读书人。我小时候读私塾，到9岁上小学。魏（建功）先生14岁就能读《说文》，我到20岁还不知道有《说文》这么一部书。所以说我的根基薄，不是家学渊源的。旧书我只读了《四书》、《诗经》、《书经》和半部《左传》。中学毕业以后，没有上预科就考入北大文科本科。我是躐等生，程度比同班同学都差，傅斯年能背半部《文选》，能读英、法、德文的书。我在中学上学时，英文还不错，上大学不要求学外文，我选了丁班外文，读 *Royal Reader* 第四册，教师教得不好，我也没有好好学。现在有的同志觉得在大学时期没有能够认真读书，没有学到什么东西，这不要紧，假如及时努力，仍可以学到所要学的东西。

二、我研究语言学的萌芽

我研究语言学并不是没有原因的。我在中学读书时，利用业余时间跟人学习速记，学会了22个声母、32个韵母的记法。本来我是想要用速记来记笔记的。正赶上1917年黎元洪当大总统，恢复旧国会，我的速记老师约我到国会用速记作记录，每月工资大洋80元。我每次记30分钟，会后要用4个小时整理。我学会了声、韵母符号，并用来作会议记录，记音就有了训练。另外，国会里有各省的人，他们说各种不同的方言，我很喜欢听外省人讲话，也愿意学他们的话，我记得当时我学会了汤化龙的湖北话。后来，我学习了王照的《官话字母》，又学习了注音字母，我对拼音、记音发生了很大的兴趣，打下了研究语言学的基础。

三、在上大学时期的暗中摸索

我的基础不好，旧学问、洋学问都不够。当时我的大学同学都比我强。朱希祖讲文学史，我听不懂，夏锡祺讲课，我也听不懂。只有钱玄同（名夏，字仲季，号玄同，后改"疑古老爹"）年轻，讲话清楚。文字学，一部为音韵篇，钱玄同著，一部为形义篇，朱宗莱著，因为我有记音训练，我对他讲的东西有了兴趣。当时我对古书知道的很少，先生和同学们提到的书名我都不知道。那时我手中有国会给的薪水，他们说一部，我就去买一部。只有陈澧的《切韵考》买不到，这书是广东木刻版，木版烧了，所以不易买到，我只好到理学院去抄。后来我到广东教书时，才买到了《切韵考》。大学时期我听刘师培的课，用速记记笔记。由于我不是书香门第，不会做学问，尽管有著名的学者做老师，我未能提纲挈领地去找参考书，发现问题向老师求教，我只是暗中摸索。

四、教书以后的锻炼

1924年我虚岁26岁，大学毕业后在西北大学做教授，校址在西安。我兼国学专修科主任，前任是胡光炜（胡小石），很难接，我的确有点心虚。但我打定主意埋头苦干，还是接下来了。我教的课是文字学，兼教中国文学史、修辞学。课程多，备课很苦。文字学没有教完，只教了一年，因军阀刘镇华和胡景翼打仗，我回到北京。谈到教书，起初我想什么都可以教，只要好好备课，写出讲义就行了，但事后证明，教书不能专凭讲义。因为上课时，学生要提问，超出讲义所讲的范围，就回答不上来了，所以自己必须把问题都弄清楚，才能教学生。举一个例子：钱玄同讲音韵学时引劳乃宣《等韵一得》上的话说戛音作戛击之势，透音作透出之势，轹音作轹过之势，捺音作按捺之势，我自己并不明白是怎么回事，我给学生也这么讲，学生怎么能懂？不能以其昏昏使人昭昭。后来我看高元的《国音学》，才给我解决了问题。高元引用Henry Sweet的话给端、透、来、泥作了形象的描写，我对劳乃宣的戛、透、轹、捺就明白多了。所以，我觉得遇到问题应当多找几本书，看各家是怎么讲的，这非常重要。从这时起，我就开始摸索语音学了。我的头一本语音学的书是从丸善株式会社买的。这是1924年的事。

就在这个时候，陈嘉庚请鲁迅、张星烺、顾颉刚、陈万里到厦门大学去教书，我也被请去了。到那里以后，听当地人说"去哪里？"是k'ito lo，我觉得厦门方音很有意思，我就存心要学厦门话。当时我开的课有经学通论、中国音韵学史，课余之暇，就请人给我发厦门音。

1927年，我到广东中山大学任教，开声韵学、等韵研究、声韵学史等课，搜集材料很多，现在还保留着一些讲义。在广州，我为了研究《广韵》，每月出30元港币跟人学广州话。因为我对劳乃宣把音分为戛、透、轹、捺四组有很多疑问，看了高元的《国音学》，也只是明白了一些，并不是彻底明白。1928年赵元任先生到广州调查方言，我就向赵请教戛、透、轹、捺的问题，赵先生在三天之内把我三年的疑问都解决了。赵和我的关系是介于师友之间的。赵记音的时候，我也记，记完以后，如果发现自己记的和赵记的相同，就非常高兴，增加了记音的自信心；如果自己记的和赵记的不相同，知道自己记得差，应当向赵学习。

五、在中研院七年

在中山大学教书的过程中，我觉得自己的学问不充实，应当先充实自己再去教书。于是我辞去中山大学中文系主任的职务，进了中央研究院历史语言研究所。那时研究所只是一个筹备处，设在广州东山，傅斯年任所长。我主要想整理音韵学史，我想把汉语发展史全部列入计划。我又想研究广州话的虚词，又想学瑶语，东西乱抓，不知道先搞什么好。后来有人说我的坏话，我就打定主意发愤努力。我记得在1929年元旦我有意保险20年，我要玩儿命，非干出个名堂来不可。那时候我的文章都不离开汉语音韵发展史，第一篇文章是《耶稣会士在音韵学上的贡献》。写这篇文章，我是先整理

《西儒耳目资》和《程氏墨苑》，我手边没有《西儒耳目资》，托人到东方图书馆把《西儒耳目资》中的音韵部分抄录出来，每日苦干，废寝忘食。

不久研究所搬到北京。我想写《厦门音系》，请林藜光发音半年。我手边还有1927年在厦门记的材料，我利用那些材料作了一个字表，请发音人校正。厦门话文言与白话相差很远，我只问文言的音，请发音人把音灌在蜡筒上。我先把灌的音用国际音标记出来，然后请赵元任先生听蜡筒上的音，给我校正。赵先生记音非常有经验。特别是声调，赵先生记得最准确，经常改正我的错误。后来，我考学生也是在蜡筒上灌音，让他们记音，然后评定正确与否。《厦门音系》这本书我自己并不太满意。现在苏联要翻译我的《厦门音系》、《临川音系》和《唐五代西北方音》这三本书，我认为只有《唐五代西北方音》写得较好，可以翻译。

我写的第二本书是《唐五代西北方音》。写这本书，完全出于偶然，同时觉得导师非常重要。有一天找到团城古籍堂去找罗庸，在他那里我见到《敦煌遗书》，其中有羽田亨搜集的被伯希和拿走的《藏汉对译千字文》（伯希和《敦煌文件》第3419号），我正在研究汉语语音演变史，就向罗庸借了这本书，把每个字都抄在卡片上。当时陈寅恪先生在北京，我得到他很大的帮助。他指导我读参考书，找其他材料。我埋头钻研，以三个月的时间完成了这一本书。当时正是长城战役猛烈进行，北京可以听到炮声的时候！

第三本书是《临川音系》。1933年我到青岛去讲演，见到游国恩，他是临川人，我觉得他说的话很有特点，我就记了他的音。回到北京以后我又找辅仁大学的黄森梁记音。我认为如果把江西客家话研究清楚，可以解决民族迁徙的一些问题。

第四本书是《徽州方言调查》，共调查了6个县46个点的材料，稿子尚未整理。

另外还有几件未完成的工作：

（一）《两汉三国南北朝韵谱》，1933年已开始作，参加工作的有丁声树、周殿福、严学宭、吴晓铃，后来交给周祖谟整理。昨天周把稿子交来，但第二、三、四章没有写完，如何校对很成问题。

（二）《经典释文音切考》，声韵类已有百分之八十完成。

（三）《唐五代宋金元词韵谱》。

（四）《韵镜校释》，共搜集了二三十个本子。

我在中国音韵学方面的底子不是在上大学时期打的，而是在中央研究院摸到的门。我不是读好了书再写书，而是用剥茧抽丝法和磁石吸铁法为写书而搜集材料，材料越集越多，1928年至1934年这七年间写了一些文章。大家如果把自我培植和工作结合起来，在工作中磨炼，就会随时有所发现，引出问题，设法解决这些问题，就是你们的成就。

下编 中国人与中国文

自　序

避地南来以后，因为图书设备的缺乏，旧来已经开始或将着手的研究工作都很难进行。再加上中年以往的人，社会上常常有意无意地逼迫着他务外，如果一时因为情面难却，替某种刊物写过一篇杂文，以后就很不好意思对其他刊物严词拒绝，搁笔不写。这12篇东西①和另外一本叫作《谠言》的小册子，就是这样硬挤出来的。

把它们结集起来重看一遍，也倒觉得这番功夫并不是完全白费的。做学问固然要求精深，同时也不要忘记普及。倘使一贯地老抱着"只可自怡悦，不堪持赠君"的态度，那岂不失掉教育的意义了吗？这几篇小文虽然谈不到深入，却自信尚能浅出。从第一篇到第五篇是为教国文或学国文的人们说的，第六、七、八这三篇是关于

---

① 《中国人与中国文》原本12篇，9篇正文之后，有附录三篇：《老舍在云南》《我与老舍》《昙花未现》，此次未收录。

语言文学的常识和我对于国语运动的新看法，第九篇是关于近代戏剧史的通俗讲演。

不久，我也许到太平洋彼岸的一个大学去教书，在最近一两年内，恐怕没有机会再作这一类的文字，因此才想把它们结集起来，一方面防备它们散失，一方面也给自己的生活留下一段片影。

让我在这儿谢谢叶圣陶、朱佩弦两兄，因为他俩对于这本小册子的出版都予以不少的助力。

1944年7月28日罗莘田识于点苍山麓

中国人与中国文

　　语言文字是一个民族文化的结晶，这个民族过去的文化靠着它来流传，未来的文化也仗着它来推进。凡属一国的国民，对于他本国固有的语言文字必须有最低限度的修养，否则就不配做这一国的国民。

　　中国有将近五千年的历史，开化很早，文化很高，从有史以来就有文字的记载。这种文字属于衍形系统，在世界各国除去埃及和苏墨利亚的古文，很少和它相同的。它的形体比较繁难，含义比较复杂，从这方块字的本身又得不到什么发音的符号，所以很不容易认识。回想我们从小时候开蒙读书以来，在识字一方面真不知花去了多少冤枉工夫，从教育的观点来讲，这是很不经济的。最近几十年，有些人很热心地提倡汉字改革运动。这种运动的结果，便产生了注音符号、国语罗马字和拉丁化三种辅助汉字或代替汉字的东西。关于这方面的批评，容我另外再讲，现在先就汉字本身来讨论中国人对于中国文应该具有的最低程度。

对于中国文的修养，第一步先得识字，这本来用不着多费话的。可是认真讲起来，识字就不是一件容易事。能够认识现行的方块汉字已经很麻烦了，若是推溯它得形的来源，似乎还得知道从刻在乌龟壳儿和牛胛骨上的甲骨文，以及钟鼎彝器上的金文，再经过大篆、小篆、隶书、楷书几次演变，才成了现在的样子。若是分析它的结构，似乎还得认清拟象物形、近乎图画的"日""月"，视而可识、察而见意的"上""下"，会集两文，比类合谊的"武""信"，半形半声、音义兼顾的"江""河"等等，知道它们在组织上是不同的。再从意义来讲，例如："东""西""南""北"四个字，"东"本来当"动"讲，从"日在木中"得义，后来转变为东方。"西"像"鸟在巢上"之形，"日在西方而鸟西（栖），故以为东西之西"。南"任也"，草木至南方有枝任也，从木米，羊声。（段玉裁注："《汉书·律历志》曰：'太阳者，南方。南，任也。阳气任养物，于时为夏。'云草木至南方者，犹云草木至夏也。有枝任者，谓夏时草木畅楙丁壮，有所枝铬任载也。故从米。"）"北"当乖戾讲，"从二人相背"，本来是古"背"字，引申为北方。"《尚书大传》《白虎通》《汉书·律历志》皆言北方伏方也，阳气在下，万物伏藏，亦乖之义也。"……固然，每个字的意义没有能离开上下文而存在的，从应用的眼光看，只要知道那个字"约定俗成"的用法怎样也就够了，可是要想推究那个字得义的原由，那就非得稍有字源学上的常识不可。至于汉字的读音更较困难了，因为方块字的本身表现不出什么音素来，不能看见字形便念出声音。谐声字的偏旁最初本是当声符用的，后来声音递变的结果，它不单不能代表声音，反倒会耽误事。例如"刚愎自用"不念"刚复自用"，"茜纱窗外"不念"西纱窗外"，"始作俑者"不念"始作诵者"，"狮子吼"不念"狮子孔"。还有因为形近而念别字的也不胜列举，例如把"枵腹从公"念成"楞腹从公"，把"鬼鬼祟祟"念成"鬼鬼崇崇"，"斡旋"念成"幹旋"，"匕首"念成"叱首"，都是一时传作笑话的（参看我所作的《误读字的分析》）。我讲这一段话的意思，并不是希望人人都成了文字学家，我只希望一般人对于汉字的形音义稍微有点儿常识，也许对于认字上减少一些困难。如果教给小孩子认字的时候，能够把形音义三方面都用极浅显的话剖析透彻了，我想总比让他囫囵吞枣的效果大得多。

为什么要识字呢？当然希望一般人对于现在和以前用这种文字所写的书能够看得懂。篇章是由字句积累而成的，假如不识字，尽管有多么好的文章，多么有用的书，如何能得到益处？要想了解今人或古人所写的东西，第一先得把逐字逐句的意义弄清楚了，不单每个字的意义丝毫不能含混，尤其这个字在这句话的上下文里的实际的用法怎样，更不能拘泥沾滞，一成不变。字句弄懂了，然后标出每段的大旨和全篇的主意来，这便是古人所谓"离经辨志"的功夫。必须这样才算当真读过一篇文章，读过一本书。假如模模糊糊随眼滑过，看到后半，忘了前半，主旨所在，内容所包，一概茫然，纵使读过万卷书，恐怕依然书是书，我是我。古人称赞陶渊明"好读书不求甚解"，请大家不要误会，"不求甚解"并不是"不求解"。像汉朝秦延君说"尧典"二字至三万余言，那叫作"甚解"；若是模糊影响，当解而不解，就算是"不求解"了。奉劝正在读书的朋友们不要邯郸学步，冤枉了陶渊明！

光能了解别人写出来的东西，而不能把自己心里蕴蓄着的情感或意思，清晰明白地用文字发表出来，那还没有具备现代国民的资格。了解是"知"的功夫，发表是"能"的功夫，"知"和"能"是应该并重的。在看书或读文的时候，对于别人构思的程序、布局的先后、文法的组织、修辞的技巧，当真能够了解得透彻，耳濡目染，浸润久了，慢慢地自然而然地就会得心应手培养成自己的发表能力。我们生在现代，自然无须模拟古人，去作那和实际语言不相应的死文字；不过就是用白话来写文章，也不能信口开河随便胡扯的。无论讲话讲得多么好，嘴里说的和笔下写的总不能完全一样，这就是古人所谓"文不逮言，言不逮意"。记得1933年我在南京中央广播电台讲演，赵元任、林语堂两先生在上海听。后来他们告诉我，原稿上有一个字，我讲的时候说了17个字。可见"话"和"文"的分别，并不限于"白话"和"古文"的分别。要把口语写成文章，至少要经过构思、排列、剪裁、润色的几道功夫。我曾说现在的人做文章，常犯不知"镕裁"的毛病。什么叫作"镕裁"呢？这里借用刘勰《文心雕龙》上的两句话。他说："规范本体谓之镕，剪截浮词谓之裁。裁则芜秽不生，镕则纲领昭畅，譬绳墨之审分，斧斤之斫削矣。"再往浅一点来讲，就是说一篇文章总得有个主要论点，造句遣词不能犯浮泛芜杂的毛病。这几句话看着容易，做起来却难。严格地⋅审核，不用说初学的人十篇有七八篇做不到，就是已经成了名的作家或学者，也往往有人爱写"博士书券，三纸无驴"的玩艺儿！所以，我对于一般国民的希望，只盼人人能够把自己的情感或意思，清清楚楚地，有条有理地，不跑野马，不说废话，老老实实地表达出来就够了。至于神而明之，大而化之，超凡出奇，别创风格，那是文学家的事，不是一般人的事。

近几年来，每到暑假，都得评阅各大学统一招考的国文试卷。昆明天气虽然不热，可是看完卷子，总觉得头昏脑涨，郁闷难舒！因为看完一百本卷子，不见得挑出一两本好的来可以安慰安慰自己。就大毛病来讲，不是别字连篇，就是文不对题，凌杂浮泛。考验阅读能力的标点分段和解释字义的题目，也是错误很多，笑话百出。这自然是中学国文教学和大一国文教学上的顶严重问题，同时，一般国民对于本国文字的修养不够也是很显然的。所以，今天我特为提出这个很浅近而颇重要的问题来和大家淡谈。

至于汉字改革问题，已然甚嚣尘上地闹了好几十年。它的经过情形，在我所写的一本《国音字母演进史》里，已经说得很详细。照我的意见，在小学时期，未尝不可仿照从前北平孔德学校的办法，用注音符号或国语罗马字来代替汉字，以减少儿童识字的困难。从初中以上，就得用注音符号辅助读音，逐渐认识汉字，并试着阅读用汉字印行的书籍。要想完全废弃汉字，单用拼音文字来代替，那似乎为期还远得很。至于汉字拉丁化运动，照我个人的意见，觉得比推行国语罗马字更加困难。现在为时间所限，恕不多谈，等有机会咱们再来讨论。

（1941年4月24日在昆明广播电台讲演，

原载1941年《国文月刊》第12期）

中国文学的新陈代谢

文化的演变，都是慢慢儿地、一点儿一点儿在那儿变，绝不会抽冷子一下儿从旧的变成新的。可是，改变的泉源既然涌出来以后，不管它潜伏多少年，总有一天会成了很大的潮流，一泻千里地一个劲儿冲下来，越碰见大石头挡着它，越可以激荡成很美丽的浪花；要是有意地去堵塞它，就会叫它蓄积成更大的力量，有一天冲破堤防奔放出来，越发的没法儿收拾！

拿中国文学的改革来说吧，从喊出"文学革命"的口号那时候算起，到现在不过二十几年。可是，要推溯它的泉源，那么，汉魏南北朝的乐府、唐宋的语录、元明的戏曲小说，不都是很好的白话文学吗？明末公安三袁所提倡的"独抒性灵，不拘格套"，"信腕信口皆成律度"，不就是胡适之"八不主义"的先声吗？梁启超的文章"时杂以俚语、韵语，及外国语法，纵笔所至不检束"，不就是解放文体的前驱吗？在当时，因为被传统的旧文学掩蔽着，所以不大有人注意它。认真说起来，"一部中国文学史只是一部文字形式新陈代谢的历史，只是活文学随时起来替代死文学的历史。文学的生命全靠能用一个时代的活的工具来表现一个时代的情感与思想。工具僵化了，必须另换新的，活的，这就是文学革命。"（胡适《逼上梁山》）现在没工夫一一举例来证实它，只能把近二十几年来新旧文学的消长情形略微谈一谈。

自从1917年1月，胡适之在《新青年》上发表了《文学改良刍议》以后，文学革命就开始发动了。他在那篇文章里提出了八条主张：

（一）须言之有物；

（二）不摹仿古人；

（三）须讲求文法；

（四）不作无病之呻吟；

（五）务去滥调套语；

（六）不用典；

（七）不讲对仗；

（八）不避俗字俗语。

这就是后来文坛上盛传的"八不主义"。当时陈独秀、钱玄同、刘半农、傅斯年一班人都起来响应他。陈独秀在1917年2月发表了一篇《文学革命论》，他的结论说：

余甘冒全国学究之敌，高张文学革命军大旗，以为吾友之声援。旗上大书吾革命军三大主义：

曰，推倒雕琢的，阿谀的贵族文学；建设平易的，抒情的国民文学。

曰，推倒陈腐的，铺张的古典文学；建设新鲜的，立诚的写实文学。

曰，推倒迂晦的，艰涩的山林文学；建设明了的，通俗的社会文学。

于是文学革命的旗子才正式扯起来了。后来经过许多讨论争辩，慢慢儿地从消极的破坏走上了积极的建设。到1918年4月胡先生又发表了一篇《建设的文学革命论》，提出"国语的文学，文学的国语"十个字的宗旨。简单说来，他们的中心理论只有两个：一个是要建立一种"活的文学"，一个是要建立一种"人的文学"。前一个理论是文字工具的革新，后一个理论是文学内容的革新。中国新文学运动的一切理论，都可以包括在这两个中心思想的里头。

这一个时期，《新青年》社所领导的白话文运动可算是发展到顶点了。不过，《新青年》是提倡一切革新运动的，白话文运动只是其中的一个项目。到了1919年五四运动以后，白话文的势力越发突飞猛进地发展着。有人估计，这一年里头至少出了四百多种白话报。那年的冬天，文学研究会就在北平成立了。商务印书馆发行的《小说月报》也在这时候改由沈雁冰编辑，完全把内容刷新，成了新文学运动中最重要的一个机关杂志。到了这时候，新文学运动才和一般革新运动分离开，自有它更精深的进展和活跃。

文学研究会的刊物可以拿《小说月报》和上海《时事新报》的《文学旬刊》做代表。这两个刊物都是鼓吹着为人生的艺术，标榜着写实主义的文学的。他们反抗无病呻吟的旧文学，反抗拿文学做游戏的鸳鸯蝴蝶派文人，他们比《新青年》派更进一步地揭起了写实主义的文学革命的旗帜。

和文学研究会立于反对地位的是创造社。创造社在1920年5月刊行《创造季刊》，后来又刊行《创造周报》，并且在上海《中华日报》附刊《创造日》。他们所树立的是浪漫主义的旗帜，他们的批评主张纯然抱着唯美派的见解；他们"要追求文学的健全，要实现文学的美"；他们想拿文学当作"精神生活的粮食"，叫人们"可以感到多少生的欢喜，可以感到多少生的跳跃"。

《新青年》从第九卷以后，已转变成一个急进的政治团体的机关报了。初期参加白话文运动的战士们也都转向的转向，沉默的沉默了。只有鲁迅所领导的《语丝》《莽原》两个小刊物还照常地斗争着；由他组织的未名社，也培植出一批新进的分子。

以上，我为说话时的便利，把1917年以后的新文学运动一贯地叙述下来。可是，它实际进展的情形，并不像这样顺利。自从文学革命的呼声喊出来以后，截至现在为止，前后经过三次很激烈的抗争：

安福系的卫道　《新青年》上所发表的许多关于革新运动的理论，在一班卫道的老先生们看起来，禁不住要大惊失色的。林琴南（纾）便是这班人里的一个代表。他在1919年3月间给蔡孑民先生写了一封长信，对于新派攻击得很利害。现在只摘录他反对白话文的一段如下：

天下唯有真学术，真道德，始足独树一帜，使人景从。若尽废古书，行用土语为文字，则都下引车卖浆之徒所操之语，按之皆有文法，不类闽广人为无文法之啁啾，据此，则凡京津之稗贩，均可用为教授矣。若《水浒》《红楼》皆白话之圣，并足为教科之书，不知《水浒》中辞吻多采岳珂《金陀萃编》，《红楼》亦不止为一人手笔，作者均博极群书之人。总之，非读破万卷，不能为古文，亦并不能为白话。

后来他被蔡先生复信驳得没话可讲，又在上海《新申报》发表了《荆生》和《妖梦》两篇小说。在《荆生》那一篇里拿田其美、金心异、狄莫影射着陈独秀、钱玄同、胡适三个人；在《妖梦》那一篇里拿元绪、田恒、秦二世影射着蔡元培、陈独秀、胡适三个人。内容等于村妇骂街，值不得识者一笑！他理想中的荆生，便是他倚为"府主"的安福系首领徐树铮——他的言论应该是有背景的。

学衡派的崇文　胡适之在美国留学的时候，因为发动文学革命的理论，就和他的几个同学打了一场很热闹的笔墨官司。这一部分人回国以后，1922年在南京发刊一种《学衡》杂志，仍旧反对白话文。它的《弁言》第三条是"籀绎之作必趋雅音以崇文"，末尾又说："庄生有言：'瞽者无以与乎文章之观，聋者无以与乎钟鼓之声。岂唯形骸有聋盲哉？夫知亦有之。'同人不敏，求知不敢懈。第祝斯志之出，不聋盲吾国人，则幸矣。"现在且引其中的一段话，以见他们反对新文学的态度：

彼等非思想家乃诡辩家也。……夫古文与八股何涉，而必并为一谈？吾国文学汉魏六朝则骈体盛行，至唐宋则古文大昌，宋元以来又有白话体的小说戏曲。彼等乃谓文学随时代而变迁，以为今人当兴文学革命，废文言而用白话。夫革命者，以新代旧，以此易彼之谓。若古文之递兴，乃文学体裁之增加，实非完全变迁，尤非革命也。诚如彼等所云，则古文之后，当无骈体，白话之后当无古文。而何以唐宋以来，文学正宗与专门名家皆为作古文或骈体之人？此吾国文学上事实，岂可否认以圆其私说乎？（《评提倡新文化者》）

从这种议论，固然可以看出他们对于旧文学癖好很深，可是它绝对挡不住文学革命的奔流的！

甲寅派的挣扎　安福系和学衡派的辩争，不单阻遏不住文学革命的奔流，因为互相激荡的结果，反倒使新文学更加活跃了。可是到了1925年，《甲寅》杂志又有一度的回光返照。它的主笔章士钊说：

自白话文体盛行而后，髦士以俚语为自足，小生求不学而名家。文事之鄙陋干枯，迥出寻常拟议之外。黄茅白苇，一往无余，诲盗诲淫，无所不全。此诚国命之大创，而学术之深忧，士钊所为风雨傍徨，求通其志，亘数年而不得一当者也！（《创办国立编译馆呈文》）

又说：

……今人之言，即在古人之言之中。善为今人之言者，即其善为古人之言而扩充变化者也。适之日寝馈于古人之言，故其所为今人之言，文言可也，白话亦可，大抵俱有理致条段。今为适之之学者，乃反乎是。以为今人之言，有其独立自存之领域，而所谓领域，又以适之为大帝，绩溪为上京，遂乃一味于胡氏《文存》中求文章义法，于《尝试集》中求诗歌律令。目无旁骛，笔不暂停，以致酿成今日的底他它吗呢吧咧之文变。(《评析文化运动》)

自从他发表这种言论以后，唐钺、高一涵、郁达夫、吴稚晖、鲁迅等都有驳斥他的文章。不久，这种反动的余烬便随着安福系的政治势力烟消火灭了。

这三次抗争，只不过给文学革命的潮流激起了几堆浪花，对于那奔腾澎湃、沛然莫御的巨流是遏止不住的。从此以后，新文学运动已然到了建设时期、创作时期。在新派本身，虽然还有写实主义和浪漫主义的分歧，大众文学和民族文学的论争，可是，新旧两派关于文言白话的工具问题，已然没有人再提起了。

我今天为什么旧事重提，来讲这一段往事呢？因为从文学史上看，新旧两派总是互相消长的，新的稍微消沉一点儿，旧的就会在那儿暗中蠕动，它会借着政治势力，利用人类惰性，让人们不知不觉地走向复古的路！我们现在对于中国旧文学，并不是不去研究它，只是应该用历史的眼光去研究它；并不是不该欣赏它，只是不要故意地摹拟它。现在大学中国文学系的课程，何尝忽略了各时代的代表作品？何尝把古书束之高阁？许多有名学者的著作，何尝不超越前人？我敢说，自从文学革命发动以来，在文字工具上固然改良了，可是对于古书了解的精切，对于文学欣赏的深入，这些"酿成今日的底他它吗呢吧咧之文变"的人们，比起那些"日寝馈于古人之言"的"文学正宗与专门名家"来，实在"有过之无不及"。只是我们不再鼓励后进去摹拟"沉思翰藻"，或讲究"神理气味格律声色"罢了。至于一般大学生对于国文了解的程度和发表的能力，照理说，如果中等教育办得好，应该都在水平线以上的。这时候在选材一方面，除去让他们对于中国文学更有进一步的欣赏和了解以外，对于近二十年来的现代文学作品也不可以一笔抹煞，定出"生存不录"的限制。有人说，既然做了大学生，还看不懂白话文吗？如果他喜欢新文艺，自己尽可以在课外去浏览，何必占授课的时间？况且这二十年来新文艺产量虽多，实质一方面却是瑕瑜互见，未必都是成熟的作品，作者既然大部分都活着，那么选择去取之间，岂不很费踌躇？其实，照我看起来，白话文学并不像一般人想象的那么容易懂。就因为它是新兴的文体，所以对于它的设计、结构、文字的运用、人物的刻画等等，越发得详详细细地分析、解释。你必得讲过一回新文艺，你才知道它不容易讲；你必得做过一篇新文艺，你才知道它不容易做！又因为它瑕瑜互见，不完全是成熟的作品，所以在选择去取之间，格外得慎重，才不至于叫后进漫无准则。我们西南联合大学所用的大一国文读本经过3次改编，最后的一本包含15篇文言文、11篇语体文、44首诗、1篇附录。这不过是一种试验，当然有许多自觉或不自觉的缺陷。可是，当初选录的时候，很小心地挑选这十几篇语体文，无非想培养一点新文学运动里秀出的嫩芽，让它慢慢儿地欣欣向荣，不至于因为缺乏灌溉就蔫萎下去。没想到最近教育部召集的大一国文读本编订委员会只选了50篇文言文、4首诗，其中固然经史子集色色俱备，可是把语体文删得连影儿都没有了！我认为这不是一件小事，这正是新旧文学消长的枢机！去年秋天，有一位大学校长写信给我，他认为国语文学的运动和建国大业有密切的关系，所以想请一位有名的作家去领导那个学校里爱好文艺的学生。他在一个陈腐的圈子里都不顾一切地注意到这一点，难道教育当局倒要反其道而行？难道曾经想"打倒国语运动的拦路虎"的小将和曾经参加过新文学运动的作家反倒妥协了？我从"责备贤者"的观点看，对于我的朋友们不能不稍有遗憾！至于那些有意走向复古的路的人们倒没有什么可怕的，因为：

改变的泉源既然涌出来以后，不管它潜伏多少年，总有一天会成了很大的潮流，一泻千里地一个劲儿冲下来，越碰见大石头挡着它，越可以激荡成很美丽的浪花；要是有意地去堵塞它，就会叫它蓄积成更大的力量，有一天冲破堤防奔放出来，越发的没法儿收拾！

鉴往察来，我很自信地还拿我的起语当作结语。

（1942年7月1日在昆明广播电台讲演，
原载1942年《国文月刊》第19期）

师范学院国文学系所应注意的几件事

照教育部所订现行学制，在大学文学院的中国文学系以外，师范学院另设有国文学系。从部定的两系课程表来看，中文系修业的期限是四年，所习的科目，低年级注重基本训练，高年级偏重专门研究；国文系修业的期限是五年，低年级教育科目较多，高年级特设国文教材教法研究和国文教学实习两课。这在只有文学院的大学或独立师范学院，本来界划分明，旨趣各别，不会发生什么疑问的。可是，这五年来，据我兼管两系的经验，不单在学生方面总想混选两系的课程，就是在同人方面，也往往有人怀疑为什么国文系教授不能兼教中文系的科目。为减除学生选课时候的麻烦，并解释同人的误会，我想对于国文学系应该注意的各点略说几句话。

就两系设立的旨趣言，中文系偏重养成中国文学的专门人才，以从事窄而深的研究；它所注意的问题，是怎样继承中国文学已往的遗产，并开创未来的新文学？怎样增进了解或欣赏新旧文学的能力，并陶镕创作的技巧？国文系偏重培植中等学校的国文师资，以改善国文科的教学；它所注意的问题，是怎样训练讲解清晰、批改精细的国文教员？怎样提高中等学校的国文程度，并增益一般国民读书作文的修养？由此看来，尽管同在一个大学里头，尽管科目的名称相同，两系的教学方针和教材内容，应该是各具特色的。

照我个人的看法，我觉得国文系所以异于中文系的有下列四点：

第一，训练须"知""能"并重。

近年来一般治中国学问的风气，往往有人涉览很博，记问很多，只是表现的工具不大够用，偶尔动笔著作，纵然繁征博引，却常常词不达意，精诣累于拙文。这种偏畸的毛病，有识的人早就想设法来矫正它。我曾看见一篇讲鉴别铜器真伪的文章，它的材料是很有价值的，所提出的方法也是很有经验的，然而文章的糟糕真不像是个略有虚名的学人所写的。像这一类的情形颇让我惋惜。因此我二十年来虽然没教过普通国文或各体文习作一类的科目，但遇到跟我作论文或作研究的学生，往往朱墨杂施地尽量批改。1934年到北大教书后，所得到的第一个高才生是周祖谟——他现在已经成了辅仁大学的好教师了——他的论文是很有价值的，可是它的初稿曾经我大改特改过。我还记得他看到朱笔改稿后很受感动，他认为这是在大学四年里从来没经过的训练。此外凡是跟我做过论文的都应该知道，这里且不一一列举。这不过就着中文系的学生来说。假如他不去教书，即使文章做不好，充其量也不过在著作里增加一些瑕疵，纵或自误，尚不至于误人。但在国文系的学生就不然了。他们本来以训练中学生的国文工具为职责的，"知"的不真切固然难望讲解清晰，"能"的不到家，改文时更容易发生错误。我并不希望他们"文必秦汉，诗必盛唐"，我也不希望他们媲美鲁迅，追步茅盾；我只希望他们无论作文言白话，最低限度得要明畅通达，用一字造一句都得彻底懂得它的意义和功用，每段每章都得有清楚明白的意旨，万不可不辨平仄而高谈贾岛、卢仝，别字连篇而争论"八家""选学"。曾经看见一本文卷把"徙倚中庭"改作"徙倚小窗"；又有一本在"屏诸四夷"的"诸"字底下加了一个"于"字。一见改笔，便可知道这两位先生不懂得"徙倚"和"诸"的真正意义！这和"文章虽好尚欠美中不足"的批语，可算是异曲同工了。像这种以其昏昏使人昭昭的现象，如何能怪中学国文程度一落千丈呢！要想挽救这种流弊，必须严格训练国文系的学生"知""能"并重，应该增加各体文习作的次数，并且先让他们自己互相批改，然后再由先生范改。

第二，读书须"博"先于"精"。

凡是大有成就的学者，都是"精""博""通"并重的。但近年来学术界的状况，往往专家多而通才少。通才的末流固然可以由通而浅，由浅而俗；专家的下乘也往往因专而僻，因僻而陋。国文系学生虽然未见得人人可做通才，但切不可在常识还没有广博的基础以前，先硬钻牛犄角尖儿，走上了专门的途径。这样一来，纵使能造成所谓专家，却绝不适于做中学的国文师资。因为中学国文教师必须博而不陋，然后才可以有问斯答，因势利导。所以国文系学生读书的步骤，应该先务博，而后求精。对于学术源流、文章派别，都应该有深切的认识；对于眼前的新旧要籍，都应该有相当的了解。必须极力矫正浮光掠影、以耳代目的毛病，然后才不至于孤陋寡闻，自欺欺人。

第三，应该提倡中学国文教学法研究。

从前有一位朋友批评国文教学法说："我不懂得什么叫国文教学法，我只知道自己通了，就可让学生通，自己写得好，就可以使学生好！"他后来虽然在一个大学里把师范学院的国文系办得有声有色，可是这几句话还是不足为训。因为近来中学生国文程度的低落是无可讳言的。推究它的症结所在，一方面由于教材的不适宜，一方面由于教法的欠斟酌。坊间流行的国文选本，多半按照文学史的顺序，从《周易》的《乾文言》一直选到魏际瑞的《杂说》，不管学生能否接受，只求应有尽有。有些文章在大学讲起来还嫌深，硬逼着初中或高中的孩子囫囵吞枣咽下去，试问他如何能咀嚼消化？近来看到一本初中的国文选目，把当代伟人的政论或演说尽量地罗列进去，假如不看对面的标题，我几乎把它当作党义或公民的纲要。这似乎忘了国文科的教学目的是在养成学生的阅读写作的能力了！这个问题本来不简单，不是一两个专家在书桌上悬想设计，或几位官员在办公室里拟稿画行，就可以解决的。必须请几位对于中学国文教学有经验有兴趣有研究的人，领导国文系的学生把旧选的教材做一番检讨，把拟选的教材做多次的实验，然后共同商定一部由浅入深，适合各级学生程度，足以增进阅读写作能力的读本。这也不是一个师范学院的国文系所能独自承担的，必须各校共同商定计划，尽策尽力，分工合作，才能得到满意的结果。至于教法一方面，也有过犹不及的两种毛病。负责太过的，每讲一篇文章，恨不得把他所知道的一下灌注给学生。譬如讲一篇《孟子·许行章》，先从孟轲传略、孟子解题、孟子的文章和辩证法讲起，然后讲到许行、陈良、陈相一班人的学说，也许一跑野马就牵到共产主义或民生主义，本文字句的解释倒成次要了。这样的教师也许说得天花乱坠，让学生瞠目结舌，莫名其妙，按其实际却闹得"三纸无驴""座大于像"，既耽误了教学进度，也不见得使学生受到实益。这种毛病在刚毕业的学生——尤其是没受过师范教育的中国文学系的学生——很容易犯，在它的反面便是那些敷衍塞责的教师。他们懒惰成性，存心鬼混，不认识的字不肯查，所以把"枘凿"念成"柄凿"，把"作俑"念成"作诵"；不懂得的典不肯问，所以把程颢升入唐朝，把《孔雀东南飞》列入《文选》。上课信口开河，下课任意荒嬉，饱食终日，无所用心，但求铺啜有资，何恤误人子弟！照这样情形，难怪化学系学生也可以滥竽国文教席了。要免除这两种毛病，得要从师范学院国文系的学生严格训练起。在教法研究班上应该时常讨论练习，在教学实习的时候，从登讲坛到下课都得动由规矩地合乎法度。作文时从命题到批改，也得迁就学生，点铁成金。自己心目中的问题不见得适合学生的思想，"浓圈密点，狼藉行间"或"一律抹煞，另灶别炉"的改文法，未必能改善学生的作文技巧。这也得经过精细研究，长期训练，才能应付裕如的。总之，教书的对象是"人"不是"我"，应循序渐进，因人施教；不可矜奇炫博，卖弄学问。河北高阆仙先生（步瀛）在北平师范大学教国文时，把每篇文章注释得非常详细。这在好高骛远的人看来，也许觉得这种"卑之无甚高论"的讲疏谈不上学问，可是，拿起来教书，那真可以奉为枕中鸿秘了。所以我希望国文系的学生发愤做两件事：第一，在教授领导指示之下分头笺注拟选的教材，作为集团预备功课；第二，统计历年大学新生入学国文试卷和中学国文课卷里的错误，依照夏丏尊《文章病院》、朱自清《文病类例》的办法加以整理，作为将来对症下药的方案。这两件事在西南联大师范学院，已由彭仲铎、张清常、余冠英、李广田诸君督促进行了。

第四，应该进行国语国音的教育。

国语运动胚胎在三百年以前，推行近三十年之久。关于标准音的选择和注音符号的制定，早已约定俗成，从商讨时期进入实行时期了。师范教育和国语运动关系的密切，我已经在另外一次讲演里解说过，这里且不多谈。不过至少咱们得知道，国语和国音是全中华民族共同抒情达意的工具，国语教育推行的得法，对于整个中华民族的"意志集中，力量集中"上有莫大的帮助。国文系的学生是负有推行语文教育的使命的，如果他们所说的都是"天不怕地不怕"的官话，那如何能希望国语国音辗转扩充呢？再说，政府近来对于西北和西南各省的边政是很关心的，要想融和边疆各族，增加全民族的团结力，尤其非积极推行国语教育不可。照教育部所定国文系的课程列有语言学一科，下面特别注明"注重国语发音"。我认为语言学的内涵绝对和国语国音不同，国文系的学生不一定必修语言学，但一定得要必修国语国音。所以我主张在部定国文系必修科目表里删去语言学，而代以"国语国音"及"国语运动史"两科。另外添设短期国语训练班，以供师范学院其他各系和初级部各组学生的选习。这种课外活动，西南联大的国文系学生曾经推进过，我特为他们聘请导师指示，并预备了一套赵元任先生灌制的国语留声机片让他们时常听。1942和1943两级学生有几个华侨或粤籍的，到毕业时，他们已经可以讲很流利的国语了。自抗战以来，国语教育的推行略有沉寂的现象；并且听说在某处，一个小学教员因为传习注音符号惹恼了当道要人，一纸八行便累得他所属的那个小学校长丢官罢职。自然，战时应该做的事太多，但国语教育至少不当列在不该做的里头，这点理由我在《融和宗族与推行语政》一文里已经发挥过了（参看本年11月7日《正义报》星期论文）。要想认真树立国语教育的根基，首先必得从国文系的学生严格训练做起。

以上四点看起来似乎很平常，然而这就是师范学院国文学系所以异于文学院中国文学系的地方。两系尽管同在一个大学里，也必须依照不同的方针，分别做不同的教学。学生除非决心转系，总得认清目标、按部就班、安分守己地受国文学系特有的训练；教授所授的课程尽管和中文系的科名相同，也得准据国文系的教学宗旨、特定教材与教法。除非万分不得已，两系必须是各自具有独立风范的。

（原载《当代评论》第4卷第2期）

我的中学国文教学经验

一

截至现在为止，我一共教过四次中学的国文：

第一次是1921年春天到夏天，在北平市立第一中学校；

第二次是1921年秋天到1922年夏天，在天津私立南开中学校；

第三次是1922年秋天到1923年夏天，回到一中；

第四次是1925年秋天到1926年夏天，在北平私立四存中学校。

这四次中间只有在南开的一年算是专业，其余三次多少都带点"玩票"（Amateur）的性质，因为那时候我在教书以外还有别的职业。

1919年我在北京大学中国文学系毕业后，人刚满20岁，受当时新文化潮流的激荡，又没有力量到国外去留学，便决定再入哲学系念书。那时候北大哲学系最热闹，教授中如胡适之、梁漱溟、蒋梦麟、陶孟和、陈百年、傅佩青诸位先生而外，还有从国外请来的杜威（John Dewey）、罗素（Bertrand Russell）两位先生。同学中像顾颉刚、朱自清、田培林、吴康、谭平山、朱谦之、章廷谦、李荣第、宗锡钧、陈政、蒋复璁、王昆仑（汝玙）、金公亮等，乃至于陈逆公博，都是这几年里先后造就出来的。我念到第二年下学期的时候，中学的同班董鲁安（璠）约我到一中兼教五小时国文，一小时修身。鲁安是北平高等师范学校国文部出身，他是第一个提倡在北平市立中学的国文课程里兼教语体文的，在当地北平的中学界算是一个风头十足的国文教员。他因为高师附中的功课忙不过来，所以约我到一中去接他的手。我很记得，第一次听见上课铃，心里真像十五个吊桶打水七上八下的忐忑不安！校长致完了介绍词以后，我还没有像一位好朋友那样，在黑板上连续不断写"请等五分钟""再等五分钟"……挨到半点钟后，终于一语不发地下了堂。我总算开腔了，而且信口开河地继续说满了一点钟，不过事后听一个相熟的学生说，当时的声浪确乎有点儿颤抖。其实，这也没有什么稀奇，照声学的原理讲，一切声音的构成都由于弹性物体的颤动，我当时不过颤动率比较大一点罢了！在这短期内教过的学生，后来有所成就的，有潘岛公（式）和齐燕铭（振勋）两个。后来从天津回来，再到一中，因须兼管事务，对于教书的经验反倒记不清楚了。

第二次到南开去教书就比较老练多了。记得我刚到二年级的一组去上课，在课室门外听见一个很淘气的孩子（后来知道他叫夏芝）在那儿喊："看！新教员是个小孩儿！"我跑到讲台上，借着这个碴儿先发了一顿下马威说："你们看我像个小孩儿吗？你们知道不知道古人有'三岁为翁，百岁为童'一句话？假如我这个孩子可以做你们的老师，那么我便有做'翁'的资格，你们就得安安顿顿做'童'；假如我不配做你们的老师，那么我想充'翁'也不行，纵然我家里没存着一石粮，我也没脸再做'小孩王'了！咱们姑且以一礼拜为期，如果我不称职，到时候我自然会卷铺盖。"说完这一段话，大家居然静悄悄地连一口大气都不再出，老老实实听讲。从此以后，不单相安无事，而且师生间的感情十分融洽。那一班的学生里有一个国文很通顺，而且会做两句旧诗的，叫吴堉威。有一个天真烂漫的广东孩子，后来在童子军界颇有声名的，叫徐观馀。还有一个当时南开体育界的"大金刚"张颖初，他是陕西人，身材很高大，心地很朴诚，国文程度很好，文言语体都作得像样子，年龄大约比我大，但是在老师面前总是规规矩矩的温和恭顺。直到1924年我在西北大学教书的时候，无意中在西安街头碰见他，那时候他在参加渭北靖国军的秘密工作，见面后还是很谦逊诚挚的，他后来改名张锋伯，追随冯焕章先生多年。另外还有四年级的一组，学生预备入商科的。其中有一位叫宁恩承，他进南开中学以后，曾经因为发表一篇《循环教育》出了名，后来从外国留学回来，在财政界颇有地位，中间做过一度东北大学的秘书长。北方人毕竟朴诚，直到他贵显以后，他通讯时还以"受业"自称，比那一班过河拆桥的浅人，因为地位增高，慢慢把"夫子"降为"仁兄"的，懂礼多了。此外不在这两组上课的，还有许多人常在课外找我谈谈。其中让我怀念很深的，就是1935~1936年间在文艺界有小声名的张采真，那时候他叫张士潘，是河北霸县人，性情温柔而富于文学兴趣，后来因为党争在汉口殉难。到现在已经十几年，他在北新书局出版的集子《如愿》恐怕和"采真"这个名字一同被人忘记了！

最后一次在四存教国文，那完全是替一个朋友帮忙。这个中学是提倡颜李之学的四存学会创办的，学风很笃实，却不免保守。校长齐树楷，持躬对人都有可取的地方。有一天一个坐汽车的学生家长要拜访校长，看见一个穿着破旧布衫在校门口扫地的老头儿，就喊他通报一声，交谈之下才知道眼前失敬的正是他要拜访的人。这时期我因为旁的事很忙，不能专门致志地教书，当时的印象渐渐地模糊了，只记得讲读和作文而外，还教一小时文学史，讲读的课本，学校指定用王昆绳的《左传评》。

二

关于教材一方面，除去第三次以外，都是自由选择的。那时中学的国文师资，大半是不得志的秀才拔贡之流，他们的枕中鸿宝，不外《古文观止》或《古文释义》，能够知道《古文辞类纂》或《经史百家杂钞》的就算个中翘楚了。南开有两位老先生，一位叫"臣密言"，一位叫"臣亮言"，因为他们的拿手好戏，翻来覆去的只是《陈情表》和《出师表》。举此一例，其余不难概见。我们在那腐旧的氛围里去教国文，有两层困难：第一，在这班老先生的心目中以为你们这些乳臭未退的黄毛小子顶多念过一些呢啦吗呀的"引车卖浆者言"，哪里读过圣经贤传？哪里能领略韩柳欧苏归方刘姚的义法？怎么配来教国文？我们为应付这种环境，除去博得学生信仰以外，还得让他们知道，他们懂得的我们固然懂得，我们懂得的他们可未必懂得。第二，在这文化运动的启明时期，我们既负着指导青年的责任，就得用力托住被传统思想压抑很久的千斤闸，把他们解放出来，一方面不让他们再被腐朽的流毒所感染，一方面还得防止他们矫枉过正，趋向偏激。在这双层夹攻之下，当然感觉不大好处。好在那时候我正在初出的犊儿不怕虎的时代，虽然不敢自负是"知类通方"的学者，可是对于中国学术的源流、文章的正变、古今的嬗蜕、新旧的废兴，都比那些老先生见得深切，所以不久就把第一层困难克服了。不过那班受了新文化洗礼的青年，因为求知欲的驱策，好奇心的激荡，便把他们所信仰的教师当做万能的全才。他们所提出的问题，除去和古今中外文学有关的以外，上有宇宙来源、人生究竟，下至社会内幕、家庭琐节，几乎无所不包。要想克服第二层困难，教师自己必须有深厚的修养、纯正的思想，才可以胜任。在当时，我除去课外谈话抱着因材施教、补偏救弊的态度以外，对于选择教材偏重三个方向：

（一）避免俗滥。关于文言文的选择，不再拿《古文观止》当宝库，在我的选本里，已然没有《陈情表》《出师表》《原道》《获麟解》《桐叶封弟辨》《捕蛇者说》……烂熟的文章了。因为不鼓励学生摹仿古文的滥调，所以选文的成分，学术文便多于模范文。那时选文的目录现在不在手边，不能详细开列，就记忆所及的举例来说，比如选一篇《汉书·艺文志·诸子略》，就连类而及地拿章太炎《诸子学略说》、胡适之《诸子不出于王官论》做副教材，这是有关学术源流的例；讲一篇魏文帝《典论·论文》，就旁征博引地拿《三国志·王粲传》、魏文帝《与吴质书》、曹植《与吴季重书》、吴质《答东阿王书》等做参考，这是有关文学变迁的例；讲一篇章太炎《与友人论文学书》，便剥茧抽丝般牵涉到范晔《狱中与诸甥侄书》、刘勰《文心雕龙》"镕裁篇""附会篇"、刘知几《史通·叙事篇》、洪迈《容斋随笔·论文章繁简》等，这是有关批评的例；讲一篇《墨子·非攻》，便展转联想到《国语·向戌论弭兵》、杜甫的《兵车行》《石壕吏》、白居易的《缚戎人》《新丰折臂翁》等，这是有关政治思想的例。诸如此类，不能备举。当时的目的只想把有关中国学术的各种问题，借着讲授国文，分别作有系统、有条贯的简要介绍。

（二）启发思想。在新文化潮流正在澎湃的时候，除去介绍国学以外，还得灌输新思想。所以我选的文章里，有胡适的《杜威论思想》，是训练构思方法的；有胡适的《不朽》、李大钊的《今》、梁启超的《为学与做人》，是讨论人生观的；有陈大齐的《迷信与心理》，是破除迷信的……在一中时代所任的那一点钟修身，我并没有去讲道德，说仁义，而是拿Ell-wood的*Sociology and Social Problems*作蓝本，来讲述家庭问题。这可以代表那一个时代的风气，并不能算是我个人的好奇。

（三）喜欢比较。我因为要见出文言和语体的短长，选材往往采取对照的方式。比方说，讲宋濂的《王冕传》，一定和吴敬梓《儒林外史》里记王冕一段并列；选一篇鲁迅《域外小说集》里所译的《月夜》，不单附上袁弗的白话译文，甚至于连英译本也一并附进去。有时候同是文言教材，我也喜欢用比较的方法。比如选一篇《通鉴·钜鹿之战》，我总想拿《史记·项羽本纪》里"章邯已破项梁军"一段来比较；选一篇范晔《后汉书·传论》，我总想引华峤《后汉书》的原文来对勘。因为我觉得这种方法最可以启发学生作文的思路，增进他运用文字的技巧。直到现在我还想有机会试验一下。

　　照我这样避熟就生地选材，教起来吃力得很。假如存心偷懒，立志混饭，只要拣一本现成的教材，旧的旧到《古文观止》，新的新到《白话文范》，满可驾轻就熟地敷衍一两年，何必这样自讨苦吃呢？因为我对于教学抱着一种研究的态度，拿教学当着一种兴趣，所以不怕麻烦，不怕受累。在学生一方面的反应，只觉得新教员所讲的确乎是闻所未闻，可是未必能完全吸收，充分了解，彻底融会。结果虽然不至于费力不讨好，而师生之间，终究不免隔了一层，不能衔接。记得我讲李大钊那篇《今》的时候，学生还都没到理解发达的年龄，听完之后，大部分都有丈二金刚摸不着头脑的感想；又在讲陈大齐《迷信与心理》的时候，附录了一大段《儒林外史》上的陈和甫扶乩，后来连自己都感觉繁冗无味。那时在旧教员一方面已然不骂我浅薄了，反过来的批评却是，"以艰深文其浅陋！"现在回想起来，当时只顾廓清旧的积弊，开创新的风气，却不免犯了矫枉过正的毛病，没有审慎考量学生的程度，没能恰好适应他们的需要，这是不能不自行检举的。

三

　　谈到教法一方面，我也觉得好坏参半，不敢过分自是。我不是学师范出身的，当时没有研究过教学法。从前听见我的朋友伍叔傥曾说："我不知什么是国文教学法，我只晓得自己做通了能叫学生通，自己看懂了才能叫学生懂！"这几句话固然有些过分，可是，

至少总得自己通了、懂了，再讲教学法，才能相得益彰。如果自己根本不曾通，不曾懂，就是把教学法讲得天花乱坠，也不免是隔靴抓痒的空谈。

那个时候的旧式教国文法，离开念、背、打的三部曲还所差无几。先生上得堂来，先摇头晃脑、哼哼唧唧地把本文念一遍，然后顺文演义地就着字句来解说。能逐字逐句解说清楚，再谈到一点儿起、承、转、合的章法，那就算是"呱呱叫"的"大好佬"了。若叫我描写那时候老先生讲国文的情形，我且摘录《牡丹亭·学堂》一出里陈最良给杜丽娘讲《诗经》，丫头春香插科打诨的一段，作为映照：

陈："'关关雎鸠'，关关是鸟声，雎鸠乃是鸟名也。"

春："先生！鸟声可学与我们听听！"

陈："我怎么学与你听！鸟性喜幽静，'在河之洲'……"

春："吖！我晓得了！不是昨日是今日。啐！不是今年是去年。我衙内关着一个斑鸠儿，被小姐一放，一飞飞到何知州衙内去了。可是吗？"

陈："这是兴吓！"

春："哟！一丢丢的小鸟儿么，有什么兴介？"

陈："胡说！兴者是起也，起那下文。'窈窕淑女'，是幽闲贞静女子。'君子好逑'，有那等君子好好去求他。"

春："先生！为何要好好去求他介？吓！吓！吓！"

陈："唔！依注讲解，只管胡缠！"

杜："依注讲解，学生自会，先生但把《诗经》大意教导一番。"

我虽不敢说那时的国文教员人人都像陈最良，可是"依注讲解"总占大多数，把"述匹也"讲作"好好去求他"的，一定也不少。于是淘气的学生便"只管胡缠"，用功的学生不免有"依注讲解，学生自会"的觖望！难怪当时的教会学校，甚至于像南开那样的学校，只把国文教员当作"告朔之饩羊"！

我们这班年轻人上台以后，气象确乎有点不同了。要讲一篇文章，先得介绍作者的略传，说明他的时代背景，他在文学史上的地位和这篇文章的价值等；然后解释字句，划分段落，指示篇章结构的法则，研讨文法修辞的奥妙；末了儿综览全篇的大意，看它的风格跟前一时代有什么异同？对于后一时代有什么影响？费的时间虽然较多，对于文章的剖析却无微不至。记得我讲《孟子·有为神农之言章》的时候，先叙述许行学说的大意，再拿它和现代社会学说比较，然后推寻孟子的辩论方式。这样一来，耗去两三点钟还没讲到本文，可是学生并不感觉沉闷。这种不拘泥篇章字句的教法，固然可以让学生有进一步的了解，同时却也犯了"陈义过高""揠苗助长"的毛病。并且完全采取灌输式，使学生没有自动的机会，材料纵然加多，仍然和老先生一样不合教育原理，好学生还可以量力吸收，坏学生就有点儿招架不住了！选材既深，教法又难，究竟能否使学生受益，是很值得深切反省的。

那时候的作文大多数还喜欢文言，可是真正清通的卷子却不很多。往往囫囵吞枣地背过的几篇古文，似懂非懂地记住些个典故，作文的时候，不管对题不对题，就把那些陈谷子、烂芝麻一下子全搬到卷子上来！改文时不幸而遇到这种卷子，就当真遭了黄季刚先生所谓"索阅者命"的厄运！我还记得有一次出了一个《拟征集救国捐启》的题目，有一篇妙文的起头儿四句是："天昏地暗，割地赔款，铜驼荆棘，黍离可叹！"你说他不通罢，每句也还可以讲得过去；你说他通罢，凑在一块儿简直不知所云！叫改者何从下手？从前的老先生守住"浓圈密点，狼藉行间"的八字诀，圈点完了再写上"有词有笔，不蔓不枝，佳构也""平空突起，大有黄河之水天上来之势""通畅无疵""字句清顺"……一类批语，就可以敷衍过去了。即或遇见太不像话的卷子，那么，多抹两条杠子，加上"潦草塞责""文字欠通"……一类的批语，也可以交代过去了。像这样改文，好的不见得会更好，坏的却准保越来越坏，我当然不能率由旧章地自欺欺人，因此改作文便成了我的最苦工作！记得我那时每改一篇文章，除去注意字句是否通顺，段落是否分明，还得看思想是否清晰，结构是否谨严，修辞是否雅洁等，有时几乎得全体下挂，和自己另作差不多。大部分光阴都费在这种味同嚼蜡的工作上面去，头一批刚刚清理出去，第二批跟着又堆积起来。难怪周予同说："无论什么样的人，只要连续做过五年中学国文教员，没有不变成时代落伍者的！"话虽这样说，我在改文上虽然花了这么多的力量，可是所收的效果并不是十分理想的。因为当真善于改文的，得有脱胎换骨的功夫，点石成金的伎俩，化臭腐为神奇的手段。我的改笔终嫌更易多于迁就，主观胜过客观，对于作者还不能循循善诱，使他行远自迩，登高自卑，一层层地逐渐到自由抒情申意的清通境界。现在回想起来，才知道当年的经验是不够的。

四

时光过得真快，从现在推溯到我开始教国文那年，一晃儿换了二十多个寒暑了。我在1942年的今天还来谈二十年前的国文教学经验，岂不惹"明日黄花"的讥诮吗？其实，古人曾说："前事不忘，后事之师。"一切过去的事情，无论成功失败，都可以供现在或未来的借鉴。我的国文教学经验，无疑是失败的，可是，失败纵然失败，它的时代价值仍然不能磨灭。因为由大学中国文学系出身而教国文的，那时候正在开荒时代，正当新陈代谢的枢纽，所以，我和我的同辈都不能算是没有开创的功绩。至于选材教法上的许多缺点，也可以给后来的人留下不少的教训。假如我自己，或者指导后辈，再到中学里去教国文，至少应该抱着下面的几个态度：

（一）选材须适合学生的需要，卑之无甚高论；

（二）教法须深入浅出，注重启发，不可好高骛远，一味灌输；

（三）改文须多迁就，少更易，多客观，少主观。

这是我从过去生活片影中所得到的一点儿经验，愿意写出来和研究中学国文教学法的人们商量商量。

（1942年6月6日，原载《国文月刊》第20期）

从文艺晚会说起

1944年5月8日的晚间，从下午7点钟起，在西南联合大学阅览室的草坪上，举行了一个连续五小时，听众过两千人的文艺晚会。广阔的草地免除了墙壁的间隔，皎洁的月光照澈了人间的黑暗，新鲜的空气洗涤掉窒息的污浊，比较拥挤在一间东倒西歪的破屋里——局促、憋闷，丝毫没有回旋余地——实在自由舒服得多了。从始到终，会一直在肃静、宁谧、热烈、渴望的氛围里进行着。席地而坐的盘得脚麻，现场而立的站得腿酸，可是压根儿没听见一丁点儿不耐烦的反应，或无意识的浮嚣。这真让我们这班中年以往的人深切地觉着青年人的可爱。他们在一种诚挚无私的领导之下，得到一种情志上的餍足，自然会无邪地打通了一切隔阂，纯洁自由地朝着共同目标去走。只要把握住这一点，当真可以引发出他们"富贵不能淫，贫贱不能移，威武不能屈"的劲儿来。金钱的牢笼，政治的约束，也许赶不上这种力量来得更大。假如行不通，那么，负领导责任的人就得痛彻反省，不要轻率地把罪过加在青年的头上去。这一点是那晚上使我最受感动的，我很盼望文艺作家把那晚的博大、光明、自由三种象征，扩而充之，用他们的笔打破人类间所有的阻隔、黑暗和逼窄。至于一般爱好文艺的热烈情绪，在我看，倒还在其次。

然而这种情绪却也不可轻视的。合起联大文学院的中国文学、外国文学两系和师范学院的国文、英语两系来计算，真正志愿研究文学的，统共也不过三百多人，那晚涨出将近十倍的听众，究竟从哪里来的呢？据说有由工学院赶来的，有理、法两学院自动参加的，还有附近两个大学和两个中学的学生，也都成群打伙来踊跃听讲，这真应了我从前说过的几句话了：

文化的演变，都是慢慢儿地、一点儿一点儿在那儿变，绝不会抽冷子一下儿从旧的变成新的，可是，改变的泉源既然涌出来以后，不管它潜伏多少年，总有一天会成了很大的潮流，一泻千里地一个劲儿冲下来，越碰见大石头挡着它，越可以激荡成很美丽的浪花；要是有意地去堵塞它，就会叫它蓄积成更大的力量，有一天冲破堤防奔放出来，越发的没法儿收拾！

自从新文艺诞生，到现在已经25年了。中间虽然经过安福系的卫道，学衡派的崇文，甲寅派的挣扎，依旧阻遏不住"今日的底他它吗呢吧咧之文变"。由于一般青年普遍爱好文艺的倾向，我们可以肯定地说，尽管有人违反中山先生遗教，硬主张"三民主义文学应该用文言写"，无论如何也摧毁不了这个新生的嫩芽！

至于那晚上十个人"会串式"的讲演，虽然应有尽有地包括了新旧文体的辩争，散文、戏剧、诗歌、小说等各种作品的收获，西洋文学的影响，以及对于文学"遗产"的态度等题目，老实说，每个题目在短促的20分钟里绝不会发挥尽致的。就是充其量来发挥，也不过把短短25年的旧历史加一种检讨罢了。我一向不主张讴歌过去而不瞻望将来的。过去的尽管光荣，毕竟已经过去了，如果老盘旋在这一点上，还怎能希望进步？照我看，新文艺的前途倒不在乎标榜什么主义，却在今日的作家觉悟到以往的缺陷所在，认真去弥补这种缺陷，并且注意到未来的创造。

三年前，我同陈寅恪先生在翠湖散步，偶尔谈到中国文学系不容易办的问题。他说："现在中国文学的新旧杂糅，青黄不接，恰好像现在的思想和政治一样。从前模拟《昭明文选》《古文辞类纂》和李白、杜甫的时代已经过去了，可是许多新作品又堕入了西洋文学家的窠臼，真正创作，实在不很容易。在这旧信念已失，新标准未立以前，当然还上不了轨道。"陈先生的意见自然是有感而发的，若就以往的收获来看，有许多过得去的作品，虽然不见得有意去模拟西洋文学，但在形式和内容两方面，除去一两位不懂外国文的作家，都不免受了"欧化"的影响。而且现在文坛上许多知名之士，就我所能数出来的，像冯至、卞之琳、万家宝、老舍、谢冰心、冯文炳、何容、张骏祥、李广田……哪一位不是学西洋文学出身的？因此我遇到有志创作的学生，便诚恳地告诉他们——先得把外国文念好了再说！这并不是鼓励人们去模拟抄袭，因为要想增加欣赏批评的新观点，熟练创作的新技巧，都离不开这条康庄大道。除非生来是天才，有几个能够靠着时人选集和翻译作品，就成了有名的文学家？如果再扯得远一点，我对于将来大学的文学院课程还提出一个"中西合流，文语分系"的口号来！就是说，中国文学系和外国文学系，应该混同中西，合而为一；另外把中国文学系里的语言文字组和外国文学系里的语言学课程合并起来，改组成语言文字学系。因为国文不通而专念西洋文学，结果和不懂西洋文学、墨守着中国文学"遗产"而高谈建设新文艺的人们同样没有前途。至于现代中国的语言文字学应该打破国界，和印欧系的比较语言学互相发明，那更不待言了。

"五四"前后关于文学的中心理论，简单说来只有两个：一个是要建立一种"活的文学"，一个是要建立一种"人的文学"。前一个理论是文字工具的革新，后一个理论是文学内容的革新。综括起来，就是写实主义和为人生的艺术。稍后一点的创造社，又树立起浪漫主义和唯美主义的旗帜。他们"要追求文学的健全，要实现文学的美"，想把文学当作"精神生活的粮食"，叫人们"可以感到多少生的欢喜，可以感到多少生的跳跃"。这两种虽然各有他们的立场，然而我个人却觉得文艺是离不开生活的。当前的大时代真是千载难逢的机会，爱好文艺的人们不必纷纷渡过太平洋，却应该把握住当下前方后方的一切现象，设身处地去体验各色人等的实际生活，再把他们深刻地描写下来，尽情暴露出来。抗战虽然经过七个年头儿了，试问有几部和时代配合的伟大作品，能够垂诸不朽？要想不放过这个时代，那么，作家的下乡或入伍是很必要的，圈在后方将被炸掉的象牙塔里描写抗战，那和从前坐在上海租界洋房里的沙发上谈普罗文学同样滑稽可笑！所以我要提出的第二个口号是："文艺离不开生活，要想把握住当前的大时代，有远大抱负的作家应该踊跃地下乡或入伍！"

对于所谓文学"遗产"，我却不把它完全当垃圾看待，也不想里应外合地把它一概拉杂摧烧之；我只想根据历史的眼光、进化的观念，把它如实地认清、公平地估价，坏的固然不必故意隐讳，好的也不必存心摈斥。一个有过几千年历史的民族和国家，无论如何是不会也不该"全盘西化"的。所以我要提出的第三个口号是："要拿历史的眼光重新估定中国文学的价值，还它一个在当时当地应有的地位！"

总之，老调不必再三重弹了。我对于新文艺的前途仍然想到从前那两句老话："我们不必夸耀过去的光荣，应该努力将来的创造！"

（1944年5月21日《云南日报·星期论文》）

误读字的分析

从朋友或后辈们的嘴里，时常听到一些念错了音的字。追述错误的原因，也颇不简单。有的是从小受了教书先生的影响，一直改不过来；有的是懒得查字典，自己想念什么就念什么；有的是听见有人这么念，自己拿不定主意，就以讹传讹跟着错下去。本来从学问的大体上讲，偶尔念错了几个字算不了什么了不得的毛病，值不得吹毛求疵地去指摘。况且犯这种错误的如果是个略懂小学的人，还可以从音转条理、文字通假上去找解释来替自己辩护。可是从教育的眼光看，特别是现在做国文教员的人，对于这个问题似乎不可大意，免得展转传讹，将错就错，闹得字无正音，信口乱念！

这种错误的来源，虽然说不很简单，可是仔细分析起来也出不了几种型式。我常就平时所听到见到的一些实例，略加归纳，总括成下面的六项。凡所举例，绝无杜撰。这里边有大学或中学的学生，有中等学校的教员，也有成了名的作家、学者或教授，并不以"引车卖浆"者为限。信手拈来，聊以凑趣，无非含一点儿"言之者无罪，闻之者足以戒"的微意，丝毫没有讽刺针砭的存心。闲话少说，举例如下：

一、类推致误例——也可以叫作念半边字的错误　照谐声字的原则来讲，凡是同从一声的字，就是有同一音符的字，本来应该同音或音近。可是因为古今音变的结果，假如我们不是有意地模拟古读，废弃了流行的念法，那就不能完全根据这个原则去类推。例如：

愎，弼力切，很也，戾也。有人把它念作"复"，因而"刚愎自用"就变成了"刚复自用"。

茜，仓甸切，音倩，染绛茜草也。常听见有人摇头晃脑、酸气冲天地背《红楼梦》的贾宝玉祭晴雯文："西（原作茜）纱窗下，我本无缘；黄土垄中，卿何薄命！"又常见电影广告上有"凯·弗兰茜斯"（Kay Francis）的译名，那无疑也是把"茜"字念成"西"的，因为芳草和美人相连，所以就在这个美艳明星的译名上多加了个草字头儿。

哂，式忍切，音矧，笑也。有人把"敬祈哂纳"念作"敬祈西纳"。

俑，尹竦切，音勇，从葬木偶也。有人把"始作俑者"念作"始作诵者"。

竣，七伦切，音逡，止也，事毕也。大多数人都念成"俊"，但也有人把"完竣"念成"完梭"。

吼，呼后切，兽鸣也。有一位怕太太的人把"狮子吼"念成"狮子孔"。

晔，筠辄切，光也。恬，徒兼切，安也，静也。有一位历史教员把作《后汉书》的"范晔"念成"范华"，把秦时的大将"蒙恬"念成"蒙括"，于是学生大哗，丢掉了位置。

鹬，馀律切，音聿，知天将雨鸟也。有人把"鹬蚌相争"念成"橘蚌相争"。

枅，阻瑟切，梳篦之总名，又理发也。有人把"枅风沐雨"念成"节风沐雨"。

躐，良涉切，音猎（獵），逾越也。有人把"躐等而进"念成"腊（躐）等而进"。

忏，楚鉴切，自陈悔也。"忏悔"不应读作"签悔"，"忏情"不可读作"签情"，尤不可读作"奸情"。

筠，于伦切，音云，竹之青皮也。常有人把它念作"均"，因演《原野》里的老太婆出名的"樊筠"女士，并不叫"樊均"。

柽，丑贞切，音赪，河柳也。中央大学的外语系讲师"叶柽"先生，并不叫"叶圣"，因为师长同学们都交口地希望他做"圣人"，他自己也不敢否认了。

郴，丑林切，音琛，今湖南县名，在衡阳县南330里。有人把秦少游的"郴江幸自绕郴山，为谁流下潇湘去"的"郴"字误抄作"彬"。

崞，古博切，音郭，今山西县名，在代县西南60里。常有人把它念作"淳"，又有一位现在在北平伪北京大学国文系做副教授的音韵学家，把它念作"享"。阎锡山在太原公园的一个亭子里，把山西人必识的字列出几百个来，这个字便是其中之一。

此外像"饿莩"（殍）念成"饿孚"，"别墅"念成"别野"，"擅长"念成"坛长"，"经幢"念成"经童"，"杜撰"
念成"杜选"，"向隅"念成"向偶"，"觌面"念成"读面"，
"魑魅"念成"离妹"，"铡刀"念成"则刀"，"残酷"念成
"残告"之类，尤其时常听见。姑举一斑，他可隅反。

二、形近而讹例——也可以叫作鲁鱼亥豕式的错误　这种错
误往往由于观察不精确而起。《吕氏春秋·察传篇》："有读《史
记》者曰：'晋师三豕涉河。'子夏曰：'非也，是己亥也。夫己
与三相近，豕与亥相似。'至于晋而问之，则曰：'晋师己亥涉河
也。'"又《抱朴子·遐览篇》："书三写，鱼成鲁，帝成虎。"
这是校勘学上很流行的故事。其实在校勘古籍的时候，我们固然常
常可以遇见类似的例子，就是平常同人谈话或听人念书的当儿，也
往往发现这种粗心的毛病。例如：

枵，虚骄切，音嚣，虚也。"枵腹从公"竟会有人念作"楞腹
从公"，或"枴腹从公"。

祟，虽遂切，音邃，神祸也。有不少人把"鬼鬼祟祟"念成
"鬼鬼崇崇"。

枘，而锐切，音芮。《类篇》说，"刻木枘所以入凿"谓之
枘。宋玉《九辩》："圜凿而方枘兮，吾固知其龃龉而难入。"常
常听见许多喜欢掉文的人把"圆枘方凿"念成"圆柄方凿"。

斡，乌括切，音晥，转也。很多人把"斡旋"念成"干（斡）
旋"。

笫，阻史切，音姊，床版也。有人把"床笫"念成"床第"。

匕，笔倚切，音比，匕首，短剑也。有人把"图穷而匕首见"

念成"图穷而叱首见"。

棘，基亿切，音亟。"棘手"谓荆棘多刺，拔之伤手，以喻事之难处理者。有好多人把"棘手"念成"辣手"。

刺，七赐切，读如次，以尖锐物直入他物为刺；剌，罗达切，音辣，戾也。前一个从朿，后一个从束，一般人总不大分得清楚。所以"乖剌"和"刺谬"往往念成"乖次"和"次谬"。

囚，似由切，音遒，拘系也，又罪人也。有人把"囚犯"念成"困犯"。

厄，字亦作戹，於革切，音搤，灾也，隘也。有人把"困厄"念成"困危"。

疫，营隻切，音役，民皆疾也。有人把"瘟疫"念成"瘟没"。

此外还有人把"觊觎"念成"凯觎"，"苦衷"念成"苦哀"，"不共戴天"念成"不共载天"，"不遗余力"念成"不遣余力"，诸如此类，历数难终。小的时候，听见过一个笑话，据说有一个识字不多的人，看了《水浒》之后，告诉别人说："我看了一部小说叫木（水）许（浒），那上面有一个叫季（李）达（逵）的，手使两把大爹（斧），有万夫不当之男（勇）！"这一个笑话里面，除去读"浒"作"许"应归入第一类以外，其余的都算是鲁鱼亥豕式的错误。

三、忽略圈声例——也可以叫作读破四声的错误　因词性或文法作用不同而声调变异的，在中国语言中上并不能算是晚近的现象。《春秋·庄公二十八年·公羊传》："春秋伐者为客，伐者为主。"何休解诂云："伐人者为客，读伐长言之，齐人语也……见伐者为主，读伐短言之，齐人语也。"所谓长言短言，或即调类舒促的不同。《颜氏家训·音辞篇》说："夫物体自有精粗，精粗谓之好恶；人心有所去取，去取谓之好恶（原注：上呼号、下乌故反）。此音见于葛洪、徐邈。而河北学士读《尚书》云：'好（呼号反）生恶（於各反）杀'，是为一论物体，一就人情，殊不通矣。"又陆德明《经典释文·序录》也说："夫质有精粗，谓之好恶（并如字），心有爱憎，称为好恶（上呼报反，下乌路反）；当体即云名誉（音预），论情则曰毁誉（音馀）；及夫自败（蒲迈反）、败他（蒲败反）之殊，自坏（呼怪反）、坏撤（音怪）之异：此等或近代始分，或古已为别，相仍积习，有自来矣。余承师说，皆辩析之。比人言者，多为一例：如而靡异，邪（不定之词）也（助句之词）弗殊，莫辩复（扶又反，重）复（音服，反也），宁论过（古禾反，经过）过（古卧反，超过）。……如此之俦，恐非为得。"就这几段话看来，我们应该承认圈声的办法由来已久。不过顾亭林和钱竹汀两人却觉得一字两读起于葛洪，而江左学士转相增益，汉魏以前无此分别。姑无论我对于这个因文法作用而变读声调的问题另外还有见解，即使照顾、钱之说认为起于葛洪，那从现在推上去也算够古了。本文的目的即在矫正通行的读音，所以还应该承认这个分别。然而一般人犯这种毛病比前两项更多，我们似乎要宽恕一点，不可过分地苛责。现在就眼前常见的，除去颜、陆已经举过的"好""恶""誉""复""过"以外，再提出几个例子来。罣漏的毛病，恐怕不能避免，希望读者能够随时留意，触类旁通，以补本文的不足。

风，方戎切，音枫，平声，名词；方凤切，音讽，去声，动词。例如"春风风人"，"风，风也"，上"风"字应念平声，下"风"字应念去声。

雨，王矩切，音羽，上声，名词；王遇切，音芋，去声，动词。《韵会》云："风雨字在上声，而雨下之雨在去声。"例如"夏雨雨人"，"雨雪其霏"，"雨我公田"，第一句上字念上声，下字念去声；二、三两句里的"雨"字都应念去声。

衣，於希切，音依，平声，名词；於既切，去声，动词。如"解衣衣我"，"衣十升之布"，"身衣弋绨"，第一句上念平声，下念去声；二、三两句里的"衣"字都念去声。

食，乘力切，音蚀，入声；祥吏切，音寺，去声，因意义和文法作用而异其声调。如"推食食我"，上入声，下去声；"君子以饮食宴乐"，"君子与其使食浮于人也，宁使人浮于食"，"此与以耳食无异"，"我食吾言，背天地也"，"日有食之"，这些例子里的"食"字都应念去声。

饮，於锦切，上声，咽水也，亦歠也；於禁切，音荫，去声，以饮食之也，在文法上属"予格"。如"饮酒食肉处于内"，"饮此则有后于鲁国"，这两句中的"饮"字应念上声；"饮之酒而使告司马"，"饮乡人酒"，这两句里的"饮"字应念去声。

妻，七稽切，音妻，平声，名词；七计切，音砌，去声，动词。如"士如归妻，迨冰未泮"，这两句里的"妻"应念平声；"以其子妻之"一句里的"妻"应念去声。

将，即良切，音浆，平声，训"有渐之词"，或"抑然之词"，又且也，助也，送也，行也，进也；即谅切，音酱，去声，将帅也，又将之也。如"是以君子将有为也"，"将有行也"，"将安将乐"，"补过将美"，"百两将之"，"今予以尔有众，奉将天罚"，"日就月将"，各句中的"将"字都应念平声；"才足以将物而胜之谓之将"，上"将"字念平声，下"将"字念去声；"将卑师众曰师"，"将帅之士，使为诸侯"，"将在外君命有所不受"，各句里的"将"字都应念去声。

相，息良切，音襄，平声，省视也，交相也；息亮切，去声，视也，助也。如"二气感应以相与"，"相怨一方"，"相观而善之谓摩"，"相率而为伪者也"，各句里的"相"字都应念平声；"相与辅相之"，上"相"字念平声，下"相"字念去声；"相时而动"，"相鼠有皮"，"相在尔室"，"相其宜而为之种"，"辅相天地之宜"，"相成王为左右"，"相秦而显其君于天下"，各句里的"相"字都应念去声。

度，徒故切，音渡，去声，名词；徒落切，音铎，入声，动词。如"同律度量衡"，"百度得数而有常"，"节以制度"，"豁达大度"，"皇览揆予于初度兮"，各句里的"度"字都应念去声；"周爰咨度"，"咨亲为询，咨礼为度"，"心能制义曰度"，"他人有心，予忖度之"，"度支掌天下租赋物产之宜，水陆道途之利，岁计所出而支调之"，各句里的"度"字都应念入声。

量，力让切，音亮，去声，度量、器量也，名词；吕张切，音良，平声，丈量、商量也，动词。如"颁度量，而天下大服"，"魏文帝察其有局量"，"月以为量"，"唯酒无量，不及乱"，各句里的"量"字都应念去声；"弃衡石而意量"，"车载斗量"，"度德量力"，"蚍蜉撼大树，可笑不自量"，各句里的"量"字都应念平声。

乘，食陵切，音塍，平声，动词；实证切，音剩，去声，名词或数词。如"时乘六龙以御天"，"服牛乘马"，"不如乘势"，"亟其乘屋"，"乘人不义陵也"，各句里的"乘"字应念平声；"元戎十乘，以先启行"，"千乘之国"，"以乘韦先牛十二犒师"，"乘壶酒"，"发乘矢而后反"，各句里的"乘"字都念去声。

此外像"行为"和"因为"，"中间"和"中听"，"应该"和"答应"，"调和"和"调查"，"要求"和"需要"，"君王"和"先入关者王之"，"收藏"和"西藏"，各有平去的不同；"多少"和"老少"，"数一数"和"数目"，各有上去的不同，而"频数"的"数"又读入声；"治大国若烹小鲜"的"鲜"读平声，而"巧言令色鲜矣仁"的"鲜"读上声。若把这项材料充分搜集起来，加以整理，可以作成一篇很有用的论文，这里不过略发其凡罢了。

四、异义混读例　有些字因为意义不同而分作两读的，应该各照它的意义来念，不可混为一读。例如：

乐，五角切，音岳，五声八音之总名；卢各切，音洛，喜乐也；又鱼教切，《论语》云："知者乐水，仁者乐山。"常有人把"音乐"念成"音洛"。

率，所律切，音蟀，领也，将也，遵也，循也；所类切，音帅，与"帅"义同；又劣戌切，音律，约数也。常有人把"速率"

念成"速帅"。

乾，渠焉切，音虔，《易经·乾卦》；又古寒切，音干，燥也。乾侯，地名，言其水常竭也，不念"虔侯"。

贾，公户切，音古，《说文》："贾，市也，一曰坐卖售也。"行曰商，处曰贾；又古讶切，与"价"同；又举下切，音假，姓也。"屠岸贾"不念"屠岸假"，"商贾"不念"商假"。

景，居影切，音警，光也，境也；又於丙切，音影，物之阴影也。"摄景"不念"摄警"。

丁，当经切，音玎，十干名；中茎切，音朾，伐木声相应也。所以"伐木丁丁"的"丁"和"甲乙丙丁"的"丁"不同音。

会，黄外切，音绘，合也；又古外切，音侩，大计也。"会计"和"会稽"的"会"都不应该念"绘"。

行，户庚切，人之步趋也；又寒岗切，音杭，列也。"出色当行"，"二十五人为行"，"行家"，"行辈"，都应该念作"杭"。

这虽然是很普通的例子，却往往听到不少刺耳的读音，所以我们也不可以不随时地注意。

五、专名音讹例　专名的读音有时根据相沿的念法，有时依照译名的对音，稍微不小心，便有念错了的危险。例如：

郦食其　颜师古《汉书注》曰："食音异，其音基。"

金日磾　颜师古《汉书注》曰："音丁奚反。"

冒顿　宋祁曰："冒音墨，顿音毒。"姚令威云："仆阅《董仲舒传》冒音莫克反，又如字。《司马迁传》亦音莫克反。"

阏氏　颜师古曰："阏音於连反，氏音支。"

大月氏　颜师古曰："氏音支。"

龟兹　颜师古曰："龟音丘，兹音慈。"

可汗　读如客寒。

万俟　本鲜卑部落名，后以为姓，音墨其，又音木其。这些相沿的念法都不是"如字"读的。常常听见有人把"金日磾"念成"金日蝉"或"金日殚"，把"万俟卨"念成"万似禼"，那就错得太离奇了！从前听见过一个笑话：有一个秀才去逛庙，听见和尚把"南无"念成"曩谟"，便质问他道："明明写的是'南无'，你为什么念作'曩谟'？"和尚答道："这就像你们儒家的书里把'於戏'念成'呜呼'一样！"两人争持不决，各不相下。后来和尚说："好了！好了！你念'於戏'的时候，我就念'南无'，等你'呜呼'的时候，我再念'曩谟'罢！"这也可以做因"如字"而误读的一个例子。

六、方音转变例　在一个方言里的系统音变，严格说起来本不能和误读字一律看待，然而为求国语统一的实现，有时候也有相当矫正的必要。例如，在昆明市上往往看见有人把"冰糖莲子"写作"冰糧莲子"或"冰枟莲子"，把"五香花生"写作"五香花松"，把"鬼门关"写作"鬼门光"。又常听见"吃鱼"像是"吃胰"，"落雨"像是"落蚁"。这也如同北方把"膽量"写成"胆量"，广州把"馄饨"叫作"云吞"一样，在方言本身上并不能算是错误，在统一国语或矫正读音上却有相当的窒碍。所以在本文里我也附带地提一下。

又听见说，一个大学生不认得"拙"字和"绿"字，那我倒感觉有点儿困难，不知把他们归入上面哪一项里好。若是凑个趣儿的话，我们可以管前一个例叫"藏拙"，后一个例叫作"色盲"！

总结上面的实例，我们最后应该谈到怎样矫正读音错误的问题。这自然不是三言两语可以解决了的，无论如何总得经过相当的训练和学养才能减少这种毛病。为一时权宜之计，我且试着提出几条原则来：

（一）不可照偏旁读音；

（二）观察字形宜精确；

（三）别懒得查字典；

（四）注意每个字在句中的地位和作用；

（五）应知道简便的反切方法；

（六）应认清自己方言中的几个特点。

这些话说时容易做时难，在这里姑且给有心人提一提醒儿，等有空儿的时候，咱们再慢慢儿地商量。

（1940年4月24日初稿，7月15日重订，昆明。

原载于《东方杂志》第37卷第18号）

国语运动的新方向

国语运动胚胎于三百年前，孕育于清季，而孳衍于民初，到了现在，已经约定俗成，变为政府功令所许可、人民所公认的一种教育政策了。

当明末清初之际，方以智、刘献廷一班人，受了耶稣会教士利玛窦、金尼阁的影响，颇想创造一种拼音文字来辅助国字的读音。后来龚定庵也打算搜罗中国十八省方言和满洲、高丽、蒙古、喀尔喀等语纂为《今方言》一书，他说："音有自南而北而东西者，有自北而南而东西者，孙曾播迁，混混以成。苟有端倪可以寻究，虽谢神瞽，不敢不听也。旁举字母翻切之旨，欲撮举一言，可以一行省音贯十八省音，可以纳十八省音于一省也。"这就是早期的国语统一论。自甲午战役（1894年）以后，国人受外患的激荡而想减轻国字的繁杂以促进教育者，更加热烈。计自清光绪二十一年（1895年）到1918年，参加这种运动而创造标音简字的，前后不下四十余人，真所谓"个个想做仓颉，人人自算佉庐"，其中尤以卢戆章、劳乃宣、王照等最为努力。由这种运动递演的结果，便成功了1918年11月23日教育部公布的那一套国语注音符号。有了这套工具，对于集中全国意志、融和少数民族，以及推行义务教育减少文盲等项工作上都表现了相当的成绩。近几年来，虽然因为更迫切的要政太多，遏抑了它的积极进展，然而，这种经过功令提倡，教育部设有机关的运动，无论如何是合法的。我们不能因为一个提倡注音符号的小学校长被免职，而抹杀了这种运动已往的成绩和将来的需要。

伴着统一国语的声浪而起的，还有语体文运动。当1918年、1919年的当儿，为建设中国的新文艺，也有人喊出"国语的文学，文学的国语"那样口号来，经过将近三十年的奋勉，它也欣欣向荣地渐渐吐露灿烂的光芒。同时，对于语法研究也从以前"拉丁文法汉证"式的方法，转而注意到这个语言本身的结构，这都算是比较进步的现象。

我们现在平心静气地检讨过去几十年国语运动的成绩，只能举出制定注音符号、议订标准国音、草创语法规模、提倡语体文艺几项。可是这几项就够了么？就尽了国语运动的能事了么？假如有一个有心人仔细寻味现代所谓作家的文艺，或反省一下我们的日常说话，会不会感觉词汇的贫乏、表现思想的工具的枯窘呢？若然，则今后的国语运动应该特别注意一个方向：怎样丰富国语的词汇。

照语言学来讲，词汇是指着一种语言所属的一切语词说，研究它的科学叫作"语源学"。从事这种研究的人，应该探索每个语词的意义和价值，指出它们从哪儿来的，什么时候和怎样形成的，并且经过了什么变迁。在同一语言社会里，因为教育、职业和各种环境的殊异，各人所使用的词汇数量也有很大的出入。马克斯·穆勒曾经根据一个乡村传教士的统计说，一个不识字的英国乡下人的词汇没有超过300字的。可是反对他的人说：莎士比亚的词汇，有的说是15000字，有的说是24000字；米尔敦所用的大约70000~80000字；荷马的《史诗》大约有90000字；《旧约》有5642字，《新约》有4800字。这两种统计之所以不同，是因为一个拿实际的语言作标准，一个拿文学的语言作标准。

国语文学的历史，到现在还不过三十多年，这种改革的动机既然在廓清陈腐的文言，所以嘴里念的国语和笔下写出来的国语文并没有很大的歧异，然而它们所用的词汇却是同样贫乏的。在时兴的文艺作品里，除去那些欧化的语调和舶来的词头，它的基本词汇不见得比街头小贩的口语丰富到哪里。"五四"时代首先提倡新文学的人就说："国语不是单靠几位语言学的专门家就能造得成功的；也不是单靠几本国语教科书和几部国语字典就能造成的。若要造国语，必先造国语的文学；有了国语的文学，自然有国语。"这话诚然不错，正如三十年来写的人和说的人都限定在某几个圈子里，所写的既然超不出这几个圈子里常用的口头语，所说的也不外乎这些作品里的习见词，蹄涔之水，辗转揥注，泉源不畅，如何能望其丰富？其实，在这几个圈子以外的另几个圈子，本来各有一套活泼新鲜的词头，可以吸入语汇，可以采入文学，只可惜文学家置之不理，语言学家漠不关心，恰好像一个穷人艰窘得单靠手头几文钱来勉强支持，却不晓得发掘祖遗的丰富窖藏以疗贫困一样！

要想疗济这种贫乏，首先得使语言学家和文学家取得联络。近十五年来国内研究语言的人虽然做过几次方言调查，但所汪意的都在音韵系统，很少注意到词汇。因此一班文艺作者即使想运用新词也苦于无所取材，即使想从生活里体验语言，也苦于见闻有限。所以我提议此后从事国语运动的人们应该着手几件事：

第一，须深入各行业或社会的里面，分头调查他们的惯用语，并编成分类词汇。凡是曾经学过外国语的，大概总该知道他们各行业间都有一套丰富的词汇，比如说，打猎的有打猎的惯用语，开矿的有开矿的惯用语，汽船司机的行话和海上水手的不同，青年学生的打诨竟使一班老头子瞠目……可是这些都是活鲜鲜的话头，并不是备而不用的死语。中国的各行业里，何尝没有这一类的词汇呢？只是听它们在各行业间自生自灭，而不能陶镕成国语的一部分。一方面委弃宝藏，一方面感觉贫乏，这够多么不经济？倘能开始搜集，一定可以有大量的收获。

第二，须容纳方言里的通用词。方言和国语的分别，只在它流行区域的广狭。然而有许多方言词特具的意义不是一般国语所能有的，到某个适当的地方，必须用这个语词，才能把思想或感情传达得恰到好处，那就是想法子使它普遍化，慢慢变成一个国语的新词。这类的词容纳得多了，方言和国语的界限自然而然地可以沟通，对于国语统一上也可以得到一种助力。

第三，采用未死亡的文言词。文言和口语之间本来没有严格的分野，只看它是否在现代语言里有生命。我们既然承袭了几千年的文学遗产，要想划然分开哪些是文，哪些是语，简直是不可能的。我们应该检讨宋人的话本语录，元明人的戏曲小说，以及从清朝到现在的白话作品里，到底用了些什么字眼，然后写成卡片，统计它们的发现次数。只要是六百年民间流行的词头，到现在仍然家喻户晓，那么，我们何妨照常沿用以丰富国语的词汇呢？

第四，须吸收外国语的借字。两种文化接触以后，彼此的语言往往有互借的现象，浸润既久，渐渐形成了本国语言的一部分，几乎忘掉了它是外来的了。譬如"琉璃""葡萄""菩萨""罗汉"一类的字，借到国语里来已经有了很悠久的历史，在古今作品里已经习用成自然，不再觉得陌生了。近年来中西文化交流的结果，像"士坦""燕梳""马神""引擎"的借音，"机械化""甜美的""破产""做爱"的译意，在说话和作文时都普遍地流行着。我希望研究国语的人，能够把中国和印度、中央亚细亚、欧美、日本接触以后所借来的语词，彻底作一番整理功夫，并定出几种原则来继续吸收外来的新语。这不单是语言学上伟大的工作，对于文学上也是很大的贡献。

照这样去做，语言学家研究的结果，可以供文学家的取材；文学家应用的扩充，也可以鼓励语言学家的兴趣。彼此相因相成，国语的词汇自然而然也就可以渐渐丰富起来了。

关于国语运动的这种新方向，想要说的话很多，今当献岁发春之际，姑发其端绪于此。

（1944年1月2日昆明《中央日报·星期论文》）

汉语里的借字

语言的历史和文化的历史是相辅而行的，它们可以互相协助和启发。正像美国已故语言学家萨皮尔（E. Sapir）所说："语言的背后是有东西的。并且，语言不能离文化而存在。所谓文化就是社会遗传下来的习惯和信仰的总和，由它可以决定我们的生活组织。"语言的本身固然可以映射出历史的文化色彩，但遇到和外来文化接触时，它也可以吸收新的成分和旧有的糅合在一块儿。所谓借字就是一国语言里所搀杂的外来语的成分，它可以表现两种文化接触后在语言上所发生的影响。我们现在且从中国语言里找出一些例子，一方面可以看看在什么时候有些什么新东西传到中国来，另一方面也可以看看在什么时候中国同哪些文化发生接触。

一、狮子　原为波斯语šēr或伊朗语šarɣə，从汉朝起就拿这两个字作它的对音，也或写作"师子"。

二、师比　是匈奴语用来称金属带钩的，伯希和拟其音为serbi。在中文书籍里或译作"鲜卑""犀比""犀毗""私纰""胥纰"，其实都是一个东西。《楚辞·招魂》："晋制犀比，费白日些。"《大招》："小腰秀颈，若鲜卑只。"阮元《积古斋钟鼎彝器款识》卷十"丙午神钩"下云："首作兽面，盖师比形。《史记》汉文帝遗匈奴'黄金胥纰一'，《汉书》作'犀毗'。张晏云：'鲜卑，郭落带，瑞兽名，东胡好服之。'《战国策》：'赵武灵王赐周绍具带黄金师比。'延笃云：'师比，胡革带钩也。'班固《与窦宪笺》云：'复赐固犀比金头带。'《东观汉记》：'邓遵破匈奴，上赐金刚鲜卑绲带。'然则师比、胥纰、犀毗、鲜卑、犀比，声相近而文相异，其实一也。"由这许多例证，我们可以知道这件外来的装饰品在汉朝是颇时髦的，附带着也可以给考据《招魂》《大招》的时代者增加一点儿佐证。

三、璧流离　《说文》玉部"琊"字下："璧琊，石之有光者也。"（依段注校改）段玉裁注说："璧琊，即'璧流离'也。《地理志》曰：（黄支国）'入海市明珠璧流离。'《西域传》曰：'罽宾国出璧流离。'''璧流离'三字为名，胡语也，犹'珣玗琪'之为夷语。汉武梁祠堂画有'璧流离'，曰：'王者不隐过则至。'《吴国山碑》纪符瑞，亦有'璧流离'。梵书言'吠瑠璃'，'吠'与'璧'音相近。《西域传》注，孟康曰：'璧流离青色如玉。'今本《汉书》注无'璧'字，读者误认正文'璧'与'流离'为二物矣，今人省言之曰'流离'，改其字为'瑠璃'；古人省言之曰'璧琊'。'琊'与'流''瑠'音同。扬雄《羽猎赋》'椎夜光之流离'，是古亦省作'流离'也。"冯承钧所作《（赵汝适）诸蕃志校注》"琉璃"下说："'琉璃'一作'瑠璃'，一作'流离'，一作'璧琉璃'，一作'吠瑠璃'。盖为梵文雅语vaidūrya或梵文俗语velūriya之对音。古义犹言青色宝，后为有色玻璃之称。……透明者梵语名sphatika，此土译言'颇梨'，或'塞颇胝迦'，或作'窣坡致迦'，即今'玻璃'或'玻瓈'也。"从这一条，可以看出"璧流离"在汉时就从印度经由小亚细亚传人中国了。

四、葡萄　《史记》上载汉武帝通西域得葡萄、苜蓿于大宛。"葡萄"《汉书》作"蒲陶"，《后汉书》作"蒲萄"，《三国志》和《北史》作"蒲桃"。西洋的汉学家像夏德、沙畹之流认为这个词是希腊语βócpvó的对音。劳佛却说：葡萄自古就种在伊朗高原北部一带，希腊有这种东西实在其后。大宛人决不会采用希腊字来作他本土固有植物的名称。并且βócpvó一字显然是从闪语借来的。照他的意思，葡萄似应和波斯称酒或酒器的名词相当。最近据杨志玖考证，葡萄一词当由《汉书·西域传》乌弋山离之扑挑国而来。"扑挑"字应作"朴桃"。它的所在地，照徐松说就是《汉书·大月氏传》的"濮达"，照沙畹说就是大夏都城的对音。因为这个地方盛产葡萄，所以后来就用它当作这种水果的名称。

五、槟榔　《汉书》司马相如《上林赋》"仁频并闾"，颜师古注："仁频即宾根也，频或作宾。"宋姚宽《西溪丛话》卷下引《仙药录》曰："槟榔一名仁频。"这个名词应该是马来语pinang的音译，爪哇语管pinang叫作jambi，或许就是"仁频"的对音。

六、站　近代语词驿站或车站的"站"字是外来的，不是固有的。《广韵》："站，久立也。"原来只有和坐着相对待的意思。驿站或车站的"站"字，是从蒙古语jam借来的。它和土耳其语或俄语的yam同出一源。《元史》中所谓"站赤"是jamči的对音，意译是管站的人。

七、现代借字　自从海禁大开以后，中西的交通日渐频繁，凡是和外国接触较早较多的地方，它的方言都容易有外来语的借字渗入。约略着说，可以分作下面几类：

（甲）译音的　如广州话称保险作"燕梳"，邮票作"士担"，叫卖作"夜冷"，上海话称机器作"引擎"，软椅作"沙发"，暖气管作"水汀"，洋行买办作"刚白度"，电灯开关作"扑落"之类，都是从英语借来的。此外像"阿芙蓉"借自阿拉伯，"淡芭菰"借自波斯，还有各地通行的"咖啡""蔻蔻""朱古律""德律风""雪茄""烟士披里纯"之类，也应属于这一项。

（乙）译音兼译义的　如吉林称耕田的机器作"马神"，哈尔滨称火炉作"壁里砌"，一个是受英语影响，一个是受俄语影响。又有人把某种饮料译作"可口可乐"，把世界语译作"爱斯不难读"，也属于这一类。

（丙）音加义的　如广州语称打球作"打波"，衬衣作"恤衫"，还有"冰激凌""卡车""卡片""油加利树""昔梦思床"之类。

（丁）译音误为译义的　如"爱美的"一词原从amateur译音而来的，意思是指着非职业的艺术爱好者。但有人望文生训，竟把"爱美的戏剧家"误解作追逐女角的登徒子，那就未免唐突这班"票友"了！

（戊）展转误会的　如电音学里所用的微音器，原名叫作microphone，1934年我到徽州调查方言时，带去一套灌音的仪器，其中就有这件东西。当时有个随身的工友，常听见我们把这个名词说来说去，他于是就给这件东西创造了一个名词叫"猫儿风"。假如有人音近义通地再来一套解释，那就不知扪烛扣盘地弄出什么笑话来了。

以上所举的几条例子，不过把汉语里的外来借字稍微指出一点纲目来。若要详细研究，广搜博讨，那简直可以做成一部有相当分量的书。然而，这却不是轻而易举的事。如果对于中西交通的历史没有丰富的常识，对于比较语言学的方法茫然不解，那就难免开口便错。例如，李玄伯在《中国古代社会新研》里说："focus者，拉丁所以称圣火也。中国古音火音近佛，略如法语之feu，现在广东、陕西语所读仍如是。focus之重音原在foc，由focus而变为火之古音，亦如拉丁语focus之变为法语之feu，失其尾音而已。"我们先不必抬出"古无轻唇音"的高深考据来，单就"火"属晓纽不属非纽一点来说，就可把这个说法驳得体无完肤了！况且比较语言学本来没有那么简单，如果不能创出成套的规律，就是把一个单词孤证讲到圆通已极，也不过枉费工夫罢了。

最后，我们具引帕默（L. R. Palmer）在《现代语言学导论》里讲借字与文化的关系的一段话作结果：

从语言借字的分析，可以看出文化的接触和民族的关系来。这恰好像是考古学家从陶器、装饰器和兵器的分布可以推出结论来一样。

我们应该知道借字在语言研究中的重要，但我们却不可陷于牵强附会的错误。正确的结论是由充实的学问、致密的方法、矜慎的态度追寻出来的。

（1944年7月6日昆明《中央日报·周中专论》）

从昆曲到皮黄

电台上时常放送皮黄和昆曲的唱片，有时候还请些"爱美的"戏剧家来广播。比方说，本台X. P. R. A成立三周年纪念，我还被请来广播过一次。据我个人揣测，那天，听众们对于评剧《红鬃烈马》、滇剧《九华宫》，都会感到相当的兴趣；至于昆曲呢，大家只听见演奏者咿咿呜呜了半天，究竟唱了些什么，所谓《游园惊梦》《硬拷》《闻铃》究竟是怎么一回事？恐怕有百分之七十以上不见得能欣赏或了解。那么，我们现在就要问，昆曲是什么？它在中国戏剧史和中国文学史上占个什么地位？

中国的戏剧从金元以后才有长足的进步。当时分为南北两支：杂剧流行于北方，戏文流行于南方。元中叶以北戏势力极大，南戏消沉不振。中叶以后，南戏才渐露出复兴的曙光来。到了明朝嘉靖年间更加活跃，万历以后作家辈出，降至明末清初可以说是南戏的黄金时代，居然压倒北剧取而代之。这么一转移间，为什么盛衰易势呢？这和"昆腔"的勃兴实在有很大的关系。

在明朝南戏盛行的时候，因为发源的地点不同，各地的土腔也各有它的特色。发源于海盐的叫海盐腔，发源于余姚的叫余姚腔，发源于江西的叫弋阳腔。海盐腔流行于浙江的嘉兴、湖州、温州、台州。余姚腔流行于浙江的绍兴，江苏的常州、镇江、扬州、徐州，安徽的贵池、太平。弋阳腔流行于南北两京、湖南、闽、广。这三种腔调在当时是很有名的。到了嘉靖年间，昆山人魏良辅创立水磨调后，在音乐上得了一大进步，它不单压倒北曲，并且让其他三种腔调也相形见绌。因为良辅是昆山人，所以俗称作"昆腔"。据徐文长《南词叙录》说："昆山腔……流丽悠远，出乎三腔之上，听之最足荡人。妓女尤妙此。如宋之嘌唱，即旧声而加以泛艳者也。"昆腔改革顶大的一点，还在音乐方面。因别的腔只有板拍和锣鼓，它却加上了洞箫、月琴、笛、管、笙、琵琶、鼓，管弦诸乐具备。故《南词叙录》又说："今昆山以笛、管、笙、琵按节而唱南曲者……殊为可听，亦吴俗敏妙之事。"因为伴奏音乐的复杂，格外使它凄婉动听，于是昆腔的势力遂一天比一天地扩展起来了。在嘉靖年间，它还只流行于苏州一带，后来渐渐蔓延到太仓、松江、常州和浙江的杭、嘉、湖等处。到了明末清初，甚至连北平也流行了。所以王伯良《曲律》说："迩年（万历）以来，燕赵之歌童舞女咸弃其捍拨，尽效南声，而北词几废"；龚芝麓《听袁于令演所撰西楼传奇》诗也有"可怜苏北红牙拍，犹唱江南金缕衣"等句。昆腔在北平扎下根柢以后，不单留在北平的南方人很欣赏它，连清朝的宫廷王府也时常演奏它。到乾隆朝，昆曲的盛行遂达极点。当时称昆腔为"雅部"，别种腔为"花部"。三十九年刊行《缀白裘》十二卷，网罗昆曲散段。四十二年巡盐御史伊龄阿奉敕设局扬州修改戏曲，黄文畅、凌廷堪等都参与这件事，经四年才完工。五十七年苏州叶堂（广明）撰《纳书楹曲谱》二十二卷，这是昆腔谱里最正派的一种。这时候昆腔真是"如日中天"一样。

昆腔盛行，北曲遂日渐衰落。这其间虽有何良俊的好奇提倡北曲顿仁的琵琶，独弹古调，事实上北曲已经不绝如缕了。好古的文人，还有喜欢模仿北曲杂剧的。又如洪昇的《长生殿传奇》里《酒楼》《合围》《絮阁》《哭像》《神诉》《弹词》《觅魂》等全出都用北曲，这种风气从明人汤显祖等已经开端。不过这种经昆腔采用的北曲，绝没有保存纯粹北调的道理，大部分已经"昆曲化"了。所以现在《纳书楹曲谱》和《集成曲谱》里保存的一些元人杂剧的散段，像《赚布》《女弹》《卖花》《摆阵》《孙诈》《擒庞》《五台》《离魂》《刀会》《训子》《北诈》《归秦》《北拜》《回回》《渔樵》《逼休》《寄信》《撇子》《认子》《胖姑》《伏虎》《女还》《借扇》《送京》《访晋》之类，虽然吉光片羽，实已形存神亡了。

乾隆末叶，昆曲盛极而衰，于是，"花部"遂代"雅部"兴起。

据《扬州画舫录》说："两淮盐务，例蓄花雅两部以备大戏。雅部即昆山腔；花部为京腔、秦腔、弋阳腔、梆子腔、罗罗腔、二黄调，统谓之乱弹。"此外尚有高腔、吹调等，也应该属于花部。"花""雅"得名的来源，《燕兰小谱》解释说："元时院本凡旦色之涂抹科诨取妍者为花，不傅粉而工歌唱者为正，即广雅乐之意也。今以弋腔、梆子等口花部，昆腔曰雅部，使彼此擅长，各不相掩。"这已经讲得很明白了。高腔和京腔都是从弋阳腔变来的。高腔的得名，大概因为演奏它的伶人多产于河北高阳，京腔最初指弋阳腔，流行于北平的说部（《新定十二律京腔谱》）。二黄发源于湖北黄冈和黄陂二县（嘉庆张祥珂《偶忆编》），盛行于安徽安庆一带（《扬州画舫录》），或称湖广调。秦腔发源于陕西、甘肃，乾隆间流入北平。西皮和二黄合称作"皮黄"，是北平徽班所专习的。有人说皮是黄陂，黄是黄冈，同出于湖北。但据道光初张亨甫的《金台残泪记》却说："甘肃腔为西皮调。"（卷三）安徽的伶人何以在二黄以外兼演西皮腔呢？这因为乾隆末年徽伶高朗亭到北平后，以安庆花部合京秦二腔，名其班曰"三庆"（《扬州画舫录》），为的是迎合当时都中人士的好尚。梆子腔来自句容（《扬州画舫录》），大概就是现在附属于皮黄里的南梆子，和山西梆子不同。山西梆子是糅合山西勾腔、秦腔和梆子腔而成的，光绪间流行于北京。吹腔出于徽调的高拨子，现在也附属在皮黄里，像《贩马记》《探亲相骂》《小上坟》之类都是。罗罗腔是一种不大通行的民间戏。

　　总括花、雅两部升沉的历史来讲，从明朝万历到乾隆的中叶是昆曲的极盛时代，到乾隆末年昆曲的势力渐渐被西秦、南弋两腔给压下去，道光以降花部争鸣，各树旗帜，昆曲遂成了若有若无的状态。到了咸丰、同治之间，皮黄就成了独霸的局面了。推究它的原因，第一由于厌旧喜新的趋势，第二由于看客趣味的低落，第三由于北平人不喜欢昆曲。现在且谈一两件梨园盛衰的掌故，以见消长的痕迹。

　　乾隆末叶，北平的花部，京班先占势力，伶人多系土著，所演的以京腔为主。当时著名的伶人有八达子、天保儿、白二等。白二最得意的戏是《潘金莲葡萄架》（《燕兰小谱》）。从他擅长的戏剧，我们就可以推测他演戏的风格和观众的趣味了。正在这个当儿，突然在乾隆四十四年从四川来了一个妖艳旦脚魏三，于是本地伶人的势力就被他夺去了。

魏三名长生，字婉卿，四川金堂人，是秦腔的花旦。他到北平加入双庆部，打炮戏演了一出《滚楼》，遂轰动全城，每天观众达千余人。当时都中人士已然厌倦弋腔的嘈杂，忽然听到繁音促节的秦腔，看见淫亵动人的表演，都觉得耳目一新，于是魏三的名字震动京师，甚至那时的王公贵人几乎没人不认得他了（《燕兰小谱》《啸亭杂录》《梦华琐簿》）。他有一件小事值得提出来，就是现在旦脚踩高跷和梳水头都是由他首创（见同上），这在扮演史上是颇重要的。后来因为他的徒弟陈银官表演更加猥亵，在乾隆五十年左右师徒遂先后被赶回四川。嘉庆六年，魏三再入北平，年老色衰，资产荡尽，一次正在扮演表大嫂背娃子，下场即气绝（《梦华琐簿》），经大家资助，才得勉强柩归乡里。

魏三回四川后，安庆的伶人高朗亭又继他人北平，"以安庆花部合京秦两腔，名其班曰三庆。而曩之宜庆、萃庆、集庆遂湮没不彰"（《扬州画舫录》）。这是徽班到北平的起始。朗亭名月官，工《傻子成亲》剧，时人拿他的神韵和魏三的风流对称（《听春新咏别集》）。他的作风，不难想见。

三庆成立以后，其他徽班也接踵而起。嘉庆中叶已经有三庆、四喜、和春、春台、三和五部。他们不单合并京腔、秦腔，而且吞并昆曲其他花部。因为它能这样兼容并包，难怪徽班成了梨园的盟主了。

至于雅部的状况，乾隆末年只有保和一部死守住昆山孤城，后来有庆宁、迎福、金玉、彩华四部，也想挽回它的颓势。这四部的伶工都是苏州人，势力虽赶不上徽班，却也赖他们保存一些风雅。四大徽班里只有四喜部支撑昆曲的危局，但比起其他三班来，就显然露出不景气的现象。道光末年，太平军起，南北隔绝，苏州的伶人没法子到北方来，昆曲更加一派不振。从此后，不单在北平主持不了剧坛，甚至在它发祥地的苏州，也成了少数文人墨客的好尚了。正在这个时候，徽班三庆部忽然出了一个名伶，就是安徽人程长庚。他本来精通昆曲，兼工二黄，声调绝高，底气充足，登台一奏，响彻云霄，而且资性聪明，剧学渊博，对于戏剧改良的地方很多，直到现在，无论内行外行，没有人不知道大老板的名字。同时有张二奎、余三胜，也是老生中的特出人物。当时推张为状元，程为榜眼，余为探花。程长二黄少花腔，余长西皮以花腔著，张的唱工实大声宏，且以做工见长。光绪间继他们而起的，又有汪桂芬、谭鑫培、孙菊仙三人。汪学长庚，谭学三胜，孙近二奎，此外文武老生有杨月楼，武生有俞菊生，正旦有余紫云、陈石头、时小福，老旦有龚云甫，净有黄三，丑有刘赶三，人才济济，可以算是皮黄的黄金时代。近来评剧的情况想来是大家所熟悉的，我就不再多说了。可是推溯当代许多名伶的家世，几乎没有不跟光绪间的名伶有关系的。

以上所说，是近几百年来中国戏剧演变的略史。生在现在这个时候，我们先不必谈雅部的昆曲，就是有人想摹仿几句汪桂芬、孙菊仙，试问时下喜欢听评剧的人，有几个不掩耳却走的？可是时俗的好尚是一个问题，风雅应否保存又是一个问题。据我的朋友罗膺中说，中国文学史上许多作品是不能离开音乐的。这个见解非常有道理。我们要深切了解一种有音乐性的文学作品，能够在伴奏的音乐没灭亡的时候去探索它，比较省事的多。词的唱法失传了，大家才觉得姜白石的旁谱可贵，都想就着它暗中摸索，另外有些拿《碎金词谱》的工尺当作宋代遗音的，又在那儿辗转传讹地断定哪些雄壮，哪些哀靡，假如当年词的宫谱保存下来，又何必这样费事呢？现在明代南曲的宫谱既然幸而保存，一部分赖它流传的北曲，虽然有点儿昆曲化，总比完全失传强得多。我们应当趁着前人的宫谱还没散佚，苏州的老伶还没死绝的当儿，赶紧急起学习，然后对于读曲、作曲、谱曲才有办法，才不至等它失传以后瞪着眼睛后悔。至于为怡性悦情起见，在兴至神来的时候偶尔哼几支遣闷消愁，正所谓"劳者自歌，非关倾听"，管他别人欣赏不欣赏呢？我们如果认为昆曲在中国戏剧史和中国文学史上占有相当的地位，那么有志研究中国文学的人总不该漠视了这种作品。

（1942年12月6日在昆明广播电台讲演，原载于1943年11月14日昆明《正义报》副刊）